Eduardo Motta

Senac Ceará

Alfaiatarias: radiografia de um ofício incomparável

Eduardo Motta

Senac Ceará

Fortaleza, 2016

Presidente do Conselho Regional
Luiz Gastão Bittencourt da Silva

Diretora do Departamento Regional
Ana Cláudia Martins Maia Alencar

Diretor de Educação Profissional
Rodrigo Leite Rebouças

Diretor Administrativo-Financeiro
Sylvio Britto dos Santos

Conselho Editorial
Ana Cláudia Martins Maia Alencar
Carina Bárbara Ribas de Oliveira
Denise de Castro
Rodrigo Leite Rebouças
Sylvio Britto dos Santos

Editora
Denise de Castro

Assistente de Edição
Kelson Moreira

Consultora Pedagógica
Jôsy Sales

© Senac Ceará, 2016
Editora Senac Ceará
Av. Tristão Gonçalves, 1245, Centro
Fortaleza, CE – CEP 60015-000
editora@ce.senac.br
www.ce.senac.br

Dados Internacionais de Catalogação na Publicação (CIP) Bibliotecária Katiúscia de Sousa Dias CRB 3/993

Motta, Eduardo.
  Alfaiatarias: radiografia de um ofício incomparável. / Eduardo Motta; fotografia Chico Soll. Fortaleza: Senac Ceará, 2016.
  216 p. il. color.

  Inclui bibliografia.
  Fotografia adicional: Agência Fotosite, Bridgeman, Dragão Fashion Brasil, Biblioteca Nacional, Instituto Moreira Salles, New York Pulic Library, Gallica, Metropolitan Museum of Art, Fototeca Sioma Breitman, Pitti Immagine, Library of Congress.
  ISBN 978-85-99723-33-3.

  1. Alfaiataria. 2. Costura. 3. Vestuário. 4. Moda. I. Soll, Chico. II. Título.
                                CDD 646.404

Coordenação Editorial Denise de Castro **Projeto Gráfico** Silvo **Fotografia** Chico Soll / Clava **Passo a Passo** Método por Kátia Costa **Produção de entrevistas e passo a passo** Ramon Steffen **Revisão** Cleisyane Quintino, Ethel de Paula Gouveia **Transcrição das entrevistas** Luana Schimdt **Fotografia adicional** Agência Fotosite, Bridgeman, Dragão Fashion Brasil, Biblioteca Nacional, Instituto Moreira Salles, New York Pulic Library, Gallica, Metropolitan Museum of Art, Fototeca Sioma Breitman, Pitti Immagine, Library of Congress

Todos os direitos reservados. Nenhuma parte deste livro pode ser reproduzida ou transmitida de forma alguma ou por meio algum, eletrônico ou mecânico, incluindo fotocópias, gravações ou por qualquer sistema de armazenagem e consulta de informações, sem a permissão, por escrito, da Editora.

Alfaiatarias: radiografia de um ofício incomparável

Fortaleza, 2016

Sumário

Aberturas, 19

Alfaiataria Vitoriana, 35

Alfaiataria Moderna, 57

Alfaiataria Contemporânea, 93

As Entrevistas, 110

A Construção da Alfaiataria, 170

"O único homem que eu conheço que se comporta sensatamente é o meu alfaiate; ele toma minhas medidas novamente a cada vez que me vê. O resto continua com suas velhas medidas e espera que eu me encaixe nelas."

Bernard Shaw

Ao meu pai

Agradecimentos

Alfaiataria Mirkai, Alexandre Mirkai (pai),
Alexandre Mirkai (filho), Ana Cláudia Martins,
Augusto Guimaraens Cavalcanti, Bárbara Santiago,
BRNC Alfaiataria, Bruno Colella, Cláudio Silveira,
Chico Soll, Daniel Larsan, David Lee, Denise de Castro,
Dragão Fashion Brasil, Érico Gondim, Eveline Costa,
Editora Senac Ceará, Eskola de Costura, Gabriella Bianchini,
Giselle Wittmann, Giuliana Romano, Helena Silveira,
Jadson Ranieri, João Pimenta, Katia Alves, Kátia Costa, Kathryn
Sargent, Kathia Castilho, Luana Schmidt, Marina Miranda,
Mário Queiroz, Maurício Placeres, Monica Motta, MKT Mix,
Phoebe Gormley, Ramon Steffen, Senac CE, Silvo,
Regina Motta, Thales de Andrade, Vera Motta,
Vitorino Campos, Walter Rodrigues.

Prefácio

Este livro, escrito por Eduardo Motta, pesquisador que sempre despertou meu interesse de leitura por sua habilidade em lidar com informações e organizar questões referentes à moda, revelando postura crítica em suas análises, o que infelizmente foge à normalidade, surge para preencher uma importante lacuna nas publicações e estudos da moda, especialmente a brasileira.

A moda contemporânea, no circuito cultural ou compreendida como expressão do comportamento social, revela complexidades que vão sendo articuladas ao longo do tempo histórico, revelando escolhas, saberes, e deixando rastros do que se alicerça como conhecimento e informação traduzidos em trajes que contam histórias e revelam processos quando em produção e uso. É incontestável a importância do desenvolvimento histórico da alfaiataria, dos primeiros registros dos traçados e dos cortes, da escolha do tecido, da evolução técnica até a produção cuidadosa de cada parte do traje, que exigem acuidade em todos os processos de elaboração: um correto posicionamento do molde sobre o tecido para melhor resultado estético, caimento e aproveitamento do material na peça a ser confeccionada.

Da alfaiataria clássica, artesanal, até a era do prêt-à-porter; da hierarquia nas oficinas e das relações de aprendizado e de trabalho. São tantas histórias que podem ser evocadas e valorizadas neste estudo. A do próprio processo de ensino, de transmissão e orientação de conhecimentos do ofício que se perpetuaram ou ressignificaram-se ao longo do tempo; das diferentes proporções e avanços na modelagem e concepção do corpo aos desafios da contemporaneidade que se inserem, compulsivamente, em novos desdobramentos, novas perspectivas e linguagens. Das mudanças tecnológicas à mistura de técnicas que vão se atualizando a cada momento da moda e ainda às inserções de tempos qualitativo e quantitativo, de pessoas que se inserem nesse fazer da alfaiataria em tarefas diversas.

De qualquer modo, a proposta deste livro é a não linearidade, que já deixou de ser notória, mas a de articular nas páginas que virão técnicas e tempos. Modos de ser, modos de fazer ser e de representar a história e o status da moda que se afirmam no capital econômico e simbólico, no bem fazer e na distinção do bem-vestir. O próprio termo alfaiataria evoca a memória, nos direcionando ao passado remoto, mas que, quando reincorporado na moda hoje, nos faz retomar associativamente valores de um dever fazer cuidadoso, que se opõe ao ritmo acelerado do mercado da moda rápida e que procura aproximar temporalidades de passados-presentes na mediação dos tempos. Por meio do resgate de documentação histórica, de histórias de vida e de depoimentos em entrevistas, o texto de Eduardo associa requinte e prazer em redescobrir um novo tempo do fazer, experimentando técnicas de construção e articulação de corpos que se vestem e revestem frente à contemporaneidade e que assim, na emergência do presente, explicitam táticas de guerrilha na fusão experimental da criação e de técnicas clássicas. Há, de fato, uma necessidade premente de ampliar os estudos e publicações de moda no Brasil que possibilitem discussões e que ampliem nossos referenciais teóricos ao incluírem a moda e a sociedade brasileira como fontes de estudos e de pesquisas para que, assim, possamos ser sujeitos de nossa própria história, que se desenvolve de modo complexo, multicultural e interdisciplinar, como é uma característica do pensamento da moda.

Novos estudos que revelem nossa voz, nossa cara, nossos corpos, nosso modo de fazer, de vestir e a nossa moda! Certa de que virão outros trabalhos estimulados por essa iniciativa, desejo uma excelente leitura e diálogo com a obra!

Kathia Castilho

Presidente da Abepem, a Associação Brasileira de Estudos e Pesquisas em Moda
Representante do Setorial de Moda no CNPC, o Conselho Nacional de Políticas Culturais

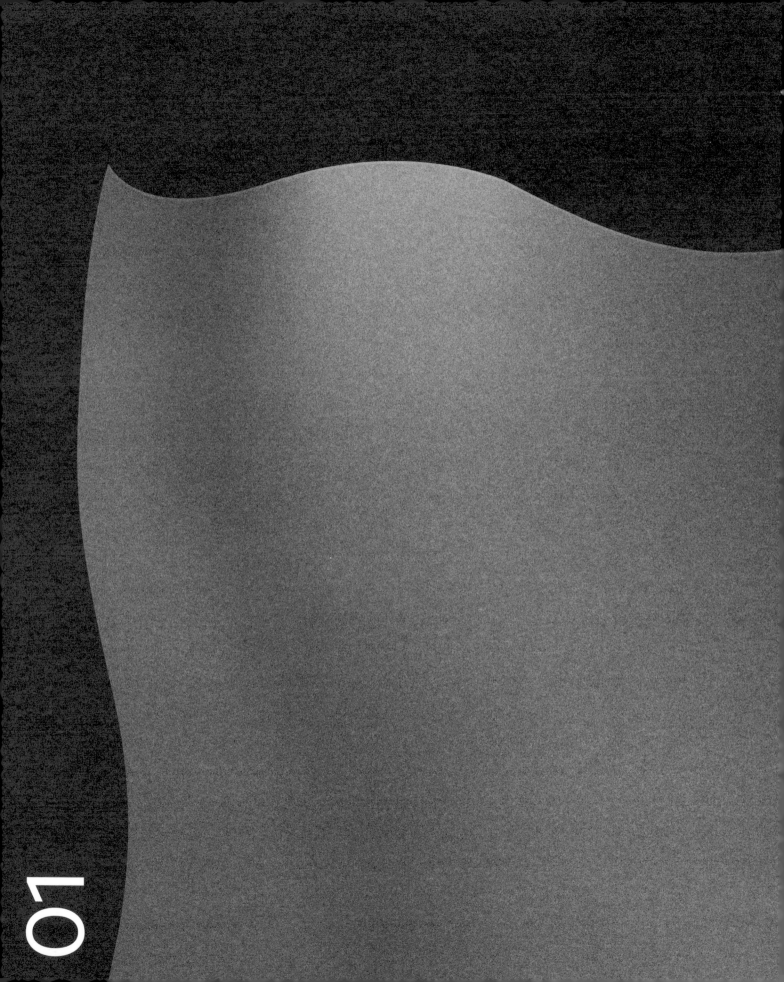

Aberturas

Do que é feito este livro

O fato de abordar a trajetória da alfaiataria ao longo de cerca de dois séculos não faz deste um livro de história. Ele também não é um livro técnico, embora abrigue o itinerário didático de construção de uma peça emblemática adaptada da história da moda, o casaco de anquinhas do tailleur Bar, da Linha Corolle, desenhado por Christian Dior, em 1947. Este livro não é, tampouco, um extrato de dados e fatos circunstanciais impresso em outro formato que não o jornal ou a revista. O que não impede que estejam reproduzidas nele entrevistas com profissionais atuantes no período em que se deu a pesquisa, emprestando caráter jornalístico ao conteúdo. Mas de que é feito este livro, enfim?

Na verdade, de muitas maneiras este livro é feito de tudo isso que afirmo que ele não é. O que seria correto dizer é que ele não é rigorosamente nem um livro de história, nem de técnicas de alfaiataria, nem de conteúdos exclusivamente jornalísticos. Consideração que implica em outra pergunta: que possíveis qualidades um rigor relativo pode trazer à abordagem desse ou de qualquer outro tema?

Ao me voltar para a alfaiataria concluí que nenhum caminho isolado levaria aonde era preciso chegar, a saber, na composição de algo como uma radiografia da vida dessa incomparável técnica de construção de roupas e dos seus rebatimentos sobre a evolução do design, sobre a história das formas de trabalho, sobre os comportamentos de gênero na cena da moda contemporânea e, ainda, entendida como atividade fragmentada pelas suas diferentes práticas e modalidades.

A abordagem híbrida não é, portanto, um acaso. Somei a ela a estratégia de contar com o conhecimento complementar a respeito do assunto. Em outras palavras, o que não está aqui está no trabalho dos autores que se debruçaram sobre a alfaiataria anteriormente. Há vários citados na bibliografia (que fique registrado meu agradecimento a todos eles). Cobrem extensivamente as partes que abordei de maneira parcial. Compartilhando os autores como referência, pude mirar em compor uma imagem que associei a uma radiografia captada com lentes múltiplas. Caso bem sucedida, ela deverá ser tão reveladora quanto a técnica que lhe emprestou a metáfora.

Radiografia é uma técnica de exame de imagem surgida no final do século XIX. Um feixe de raios X é projetado sobre o objeto. A densidade e a composição de cada área determinam a quantidade de raios absorvida. Os raios que o atravessam são capturados por um detector, produzindo uma representação bidimensional das estruturas superpostas.

A alfaiataria é um "corpo" de densidades irregulares. Para decodificá-la, o princípio da radiografia ajusta-se com metafórica exatidão. Estão lá as tais camadas superpostas. Só mesmo quando vistas em interação seria possível desvendá-las. Na época em que surgiu, a radiografia chegou a ser alardeada como uma luminescência sobrenatural, capaz de atravessar materiais opacos. Recorro a ela também por esse caráter de invenção de um tempo em que o científico poderia se confundir com o extraordinário. A alfaiataria chegou a figurar nesse ambiente limítrofe e copiosos tratados foram dedicados aos seus pretensos mistérios matemáticos. Exageros à parte, tal qual fazia naquele tempo, a alfaiataria clássica ainda projeta a roupa como design de um corpo singular. Nesse sentido, é o oposto cabal da roupa commoditie. A sobrevivência dela, quando a produção industrial em massa é que fornece a roupa que a maioria absoluta veste, é um fenômeno real e desafiador. Ainda que seu declínio, em número de profissionais e peças produzidas, seja evidente, por muitas razões a alfaiataria não apenas resiste, mas permanece insubstituível como técnica, valorizada nos nichos de roupa de alta qualidade nos quais ela se aninhou.

Não são raros os depoimentos de criadores que afirmam se sentirem protegidos pela alfaiataria. Faz todo sentido. Em primeiro lugar, porque ela é um dos últimos redutos dos significados afetivos implícitos no ato de vestir ou fazer roupas. Em segundo, porque, como conjunto de conhecimento técnico para o design de moda, ela não tem rival: qualifica quem veste e quem faz.

Várias camadas se superpõem neste livro. A primeira registra a alfaiataria do século XIX, abordada como alfaiataria vitoriana. A segunda trata da alfaiataria modernista, livremente tomada como aquela praticada do começo do século XX até 1980. Era gloriosa para os alfaiates e também aquela que, ao final, os colocou em ameaça de extinção.

A terceira volta as lentes para os exercícios de desconstrução da alfaiataria. A partir das últimas décadas do século XX, revelar o avesso e a montagem, distorcer a silhueta e a função ou embaralhar os elementos de gênero são procedimentos que se tornariam frequentes entre alguns criadores. Eles inauguraram uma fase iconoclasta de experimentação que deu origem à alfaiataria que aqui foi chamada de contemporânea.

A quarta camada é de entrevistas concedidas por profissionais que atuam em áreas distintas da alfaiataria no Brasil e no exterior. Comparecem o alfaiate clássico, praticante e defensor da alfaiataria artesanal, o empresário alfaiate, o designer que usa técnicas tradicionais e o que utiliza a versão industrial. Também estão presentes mulheres que se dedicam ao ofício e a professora que ensina como fazer. Para que este material alcançasse sua melhor forma, faltava ainda apresentar a todo tipo de interessado, e particularmente ao aluno de moda, parte da prática envolvida na alfaiataria. Nessa quinta e última camada, a opção foi por apresentar o processo de montagem de um casaco, e não sua modelagem, observando como as regras da alfaiataria aportam ainda hoje de forma tão imprescindível na execução de uma peça de roupa.

Também no reconhecimento e na inclusão das várias modalidades de alfaiataria praticadas hoje o ecletismo deste livro não é acaso. A alfaiataria pode ser de homem ou de mulher. É clássica quando obedece a um estrito código de execução manual e observa o corpo particular. É industrial quando adapta esses códigos às funções da máquina, se afasta do artesanato e adota medidas universais. Não esquecendo a possibilidade de haver modalidades intermediárias, pois há quem combine elementos de uma e outra, todas elas são alfaiatarias, e é assim, na legitimidade de práticas reais, que serão abordadas.

Como bônus dessa exploração indiscreta e heterogênea, é provável que o presente momento da moda, com suas entranhas de transformações e dramas, emerja na imagem gerada. É possível. A despeito das escolhas feitas, e da autonomia que tive ao fazê-las, mantive em mente que aquilo que as radiografias finalmente revelam nunca esteve sob o controle de quem disparou o processo.

Na primeira pessoa*

Minha tumultuada educação estética teve várias fontes, mas devo a duas delas em particular. A primeira credito à proximidade com a alfaiataria do meu pai, onde transitava ainda menino em meio aos clientes e ferramentas e assistia a processos que resultavam em peças acabadas de vestuário. A segunda deposito na conta da faculdade de Artes Visuais, quando o ambiente familiar foi substituído pela convivência com o escultor Amílcar de Castro em sala de aula.

Na alfaiataria familiar, o gosto era por tocar e sentir o cheiro dos tecidos nas prateleiras, a contravenção era roubar os triângulos coloridos de giz e desobedecer às advertências quanto ao perigo do desenho agudo das tesouras prateadas. Os objetos mais intrigantes eram aqueles construídos ali mesmo: almofadas para passar a roupa e pincéis feitos de retalhos. Havia ainda o dedal de metal para proteger os dedos das agulhas e o pano das gotas de sangue. Pouca coisa superava as elegantes réguas curvas de madeira dependuradas nas paredes e os arabescos decorativos nas bases escuras das máquinas Singer, estes mais próximos do meu campo infantil de visão. A maior experiência de moda naquele ambiente, entretanto, era a prova de roupa. A operação de desvestir a peça e devolvê-la à mesa, redesenhar a curva, refazer o alinhavo e vesti-la novamente, ou de cortá-la sobre o próprio corpo, encerrava minutos de grandiosa tensão que só a comprovação do acerto aliviava. Quem já presenciou a cerimônia de prova de um paletó sabe bem a que me refiro.

Se as primeiras vivências com a alfaiataria foram absorvidas de maneira direta, nesse misto de banalidade e assombro, como se dá com qualquer garoto, e por muito tempo, não implicaram a necessidade de reflexão, no quadro de valores que se desenha para um profissional da moda, aos poucos, a alfaiataria impôs-se como o sistema sofisticado que é demandando maior atenção.

Na sala de aula, Amílcar de Castro insistia no uso de lápis duro, dispensava borrachas e devolvia a cada aluno a responsabilidade do gesto pela impossibilidade de apagar um traço feito. A escultura dele, por sua vez, parecia abolir o tempo e o processo entre o projeto e a obra pronta. Impressão ratificada pela aparente facilidade com que ele dobrava uma chapa de aço de 10 cm de espessura e peso medido em toneladas. Ilusão que a evidente impossibilidade do ato desmentia: cortes e dobras eram feitas em siderúrgicas com maquinário industrial especializado.

De muitas formas, a obra do escultor e as peças da alfaiataria são aparentadas. Tanto uma quanto a outra encerram gestos sem volta, construindo volumes que se projetam do plano. O modernismo essencial de Amílcar, com sua economia de formas e abandono de qualquer tipo de adorno, constitui outro paralelo. É possível citar ainda a exigência pela qualidade e o respeito à natureza dos materiais — condições não negociáveis em ambos os casos —, além do fato de resultarem em objetos que transmitem certa austeridade e concisão.

Naturalmente, as associações param por aqui e a arte e a moda se distanciam nos seus propósitos, sentidos e alcances. De toda forma, guardei dessas vivências a noção de que as ações criadoras, sejam elas para dar corpo à arte ou a uma peça de roupa, podem se equivaler. Devo minha educação ética a muitas experiências, mas a essas duas em particular.

---

* Nesta, e nas próximas duas divisões que fecham as Aberturas, Definindo a alfaiataria clássica e A moda masculina, atualizei e inseri trechos de um artigo publicado na Revista Dobras, edição n. 5, Ed. Estação das Letras e Cores, SP, sob o título "Homens".

ALFAIATARIAS

Regina Brandão Motta
e Jacintho Motta. 1940.
Acervo pessoal do autor.

[acima]
Alfaiataria Mirkai.
São Paulo, 2015.
© Chico Soll.

[à direita]
Esculturas. Amilcar
de Castro. CCBB.
Belo Horizonte.
© Eduardo Motta.

Alfaiataria Mirkai.
São Paulo, 2015.
© Chico Soll.

Definindo a alfaiataria clássica

A palavra alfaiate deriva do árabe e, assim como no italiano, sarto, e no espanhol, sastre, está ligada à ideia de coser, costurar, consequentemente de unir. No inglês, diz-se tailor, e no francês, tailleur, cujo sentido é cortar, talhar. A junção desses significados, cortar e unir, constitui as operações básicas dessa que pode ser considerada a melhor técnica para construir roupas.

Existe uma dimensão na alfaiataria que foi perdida na produção em série e que só encontra equivalente no terreno da alta-costura. Nela, nenhuma medida é preexistente e todos os contornos e volumes são definidos a partir de um corpo particular, que tanto pode ser real ou idealizado.

A alfaiataria envolve capacidade projetual, virtuosismo na hora de traçar o molde e maestria nos movimentos irreversíveis no uso da tesoura. Fisicamente é um desses ambientes que antecedem as mediações industriais e cujos instrumentos têm o desenho claro da sua destinação. Não foi possível substituir essas ferramentas nem se pretende fazê-lo em um futuro próximo ou distante. Elas permanecem intocadas e nem assim estão relegadas à curiosidade em um canto nostálgico do uso e da percepção. A linha, aparentemente banal, os moldes em papel e os grandes balcões pertencem tanto ao passado quanto ao presente e ainda emitem sinais de qualidade à nossa apreciação. Há poucos sistemas de objetos e operações ocupando esse lugar nas sociedades contemporâneas. Eles representam atividades em que a habilidade artesanal, que caracteriza a produção em pequeno volume, ficou preservada e paradoxalmente valorizada pela inadequação ao cânone vigente da reprodutibilidade em série.

A moda masculina

A ideia de que a evolução da roupa para homens poderia ser contada através de uma sucessão de roupas monótonas é opção autoritária de ler a história, considerando que, se recuarmos apenas dois séculos, seria possível traçar uma genealogia do dandismo e da moda masculina de exceção. Chamo de exceção a roupa que escancaradamente não oferece alimento para considerações sobre monotonia. Para citar um único exemplo, evoco a moda dos anos 1970, sob medida para assustar conservadores até os dias de hoje. Contudo, mesmo se deixarmos de lado o extraordinário, e considerarmos apenas o semelhante, a ideia de desistência do homem ao jogo das aparências, teorizada por Flügel, aceita por muitos e hoje quase moeda corrente no imaginário coletivo, não explica satisfatoriamente a história, em tudo particular, desses objetos criados e aperfeiçoados dentro da cultura moderna para vestir o corpo masculino, particularmente o terno.

Performance. Thom Browne. Istituto di Scienze Militari Aeronautiche. Pitti Uomo. © Pitti Imagine. Cortesia.

[página oposta]
Thom Browne. Inverno 2016.
© Agência Fotosite.

No contexto da moda masculina, na sua maior parte sustentada pelas técnicas da alfaiataria ou por uma estética advinda dela, as texturas, a extensão da cartela de cores e a variação dos ornamentos e aviamentos são substituídos pelos componentes essenciais: o tecido, quase sempre assemelhado, o corte e a costura. A roupa extraída dessa receita de fundo minimalista estabelece um diálogo em plano fechado com o corpo, fundindo-se a ele de forma a tornar-se indissociável. A partir daí, essa conversa em voz baixa é fundadora de um léxico difícil de ser comparado a outro.

Cada variação diz respeito ao desenho de sucessivas silhuetas: estreita na parte de cima e ampla na parte inferior, nos anos 1920, ampliada na área dos ombros, nos anos 1940, e na idealização do corpo particular: nivelando os ombros ou alongando um tronco curto, por exemplo. De um terno, por outro lado, não se pretende uma reunião de partes, e sim uma forma indivisível.

A simbiose entre tecido e corpo, responsável pelo caráter volumétrico, tem como contraparte o recorte gráfico que desenha a silhueta. Era previsível que, ao abraçar linhas estilísticas de concisão e apuro, o adorno ficasse de fora da equação. Ainda assim, nesse jogo de lances quase invisíveis, o homem não abriu mão de nada. Trocou de repertório por escolha deliberada.

O fato de ter permanecido como coadjuvante no sistema de transformações rápidas da moda torna tentadora a ideia de renúncia e de indiferença. Algo que também pode ser avaliado como estratégia do administrador de uma cultura que soube expor o corpo feminino para sua apreciação e manter-se em grande parte como observador, e não como protagonista do sistema de exibição midiática da corporalidade. Enquanto isso, cultivava com relativa independência um estilo particular. E o voyeurismo, é claro, devidamente apoiado pela alfaiataria.

Manipular a aparência não é característica exclusiva de gênero algum. E não se deve minimizar a maneira como a roupa masculina, mesmo aquela considerada imutável, evoluiu nos seus aspectos de produto de design e na eficácia como forma de representação de poder, de status, de idoneidade ou da sexualidade. Aceitar que a evolução de uma ferramenta tão potente se deu sujeita apenas ao acaso ou ao desinteresse é incorrer no erro de subestimá-la.

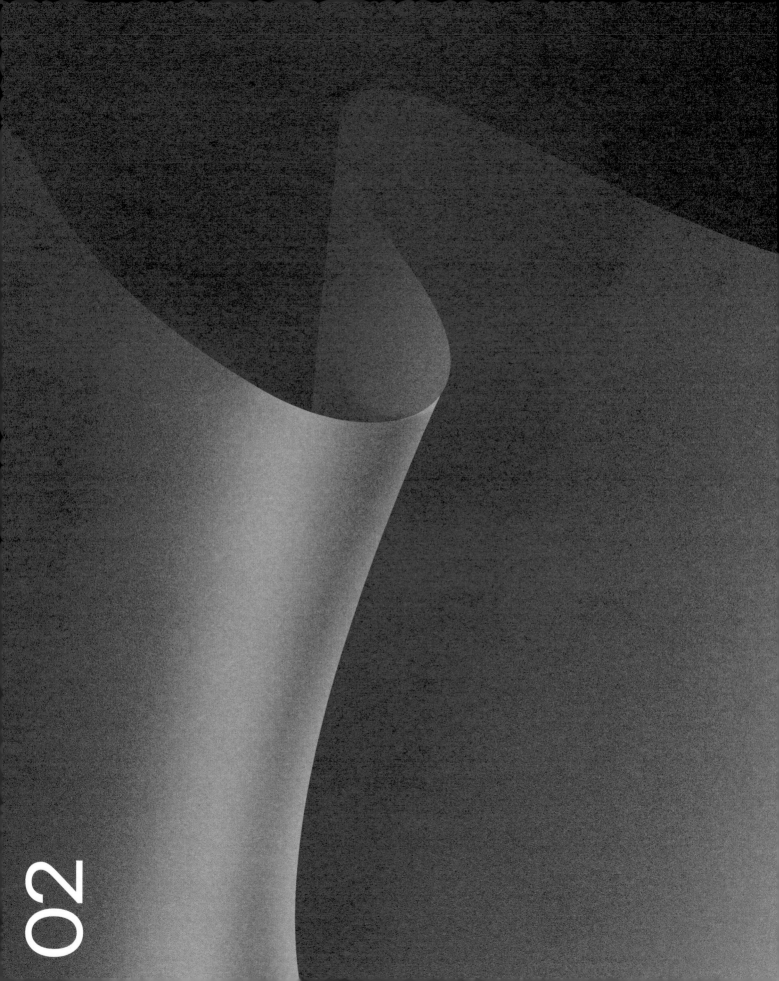

Alfaiataria
Vitoriana

Burgueses, neoclássicos e românticos

O devir da história é feito de camadas sobrepostas. Elas vão se extinguindo nas bordas, se adensando nos meios e nunca deixam de existir completamente. Nenhum período histórico, consequentemente com seus estilos e formas sociais, pode ser confinado entre data de nascimento e morte.

Mulher em traje de montaria. Séc. XIX.
© New York Public Library, NY, EUA. Cortesia.

Rigorosamente, o período Vitoriano tem início em 1837 e termina em 1901. Diz respeito aos 63 anos em que a rainha Vitória comandou a Inglaterra, entrando para a história nos tons de cinza e preto da era industrial nascente. Entretanto, antes que essa soberana austera e eternamente de luto chegasse ao poder, antecedentes como as revoluções Francesa e Industrial haviam preparado o terreno para o que viria a seguir. Somava-se aos efeitos dessas duas revoluções o Neoclassicismo, movimento que dominava a cena cultural europeia desde meados do século XVIII, impondo princípios de simplicidade e simetria recuperados da Grécia antiga.

Nesse contexto, e àquela altura, nosso objeto de atenção, a alfaiataria, já exibia um passado respeitável. Ela também sedimentara seus fundamentos enquanto o Barroco, o Rococó e, com eles, os trajes espalhafatosos eram varridos da vida cotidiana junto com aqueles que gostavam deles. Estava em franca evolução desde que os franceses haviam decretado o fim dos excessos da realeza e das suas roupas, decapitando outra figura real, a imperatriz Maria Antonieta, que passaria à História como amante das duas coisas.

Já no final do século XVIII, os atos e os símbolos vindos da França eram assertivos, para dizer o mínimo, mas foram os rivais ingleses que souberam aproveitar a oportunidade, apurando a alfaiataria como instrumento de afirmação da clientela que assumiria o controle da nova ordem social. Curiosamente, foi o traje da aristocracia rural inglesa que, adaptado, passou a vestir o homem surgido do espírito revolucionário, trazido à luz do dia pela Revolução Francesa.

Em Londres, a roupa do fidalgo rural era reinterpretada por alfaiates notórios, como Meyer, John Weston, ou pela casa Davies & Son, esta estabelecida na Saville Row desde 1804. Ao contrário dos alfaiates franceses que ainda adotavam elementos decorativos, os ingleses aprimoravam o domínio do corte e da modelagem, privilegiando uma alfaiataria rigorosa, logo copiada em toda a Europa. Ela era ideal para atender ao espírito prático do burguês bem sucedido, vindo do campo para a cidade.

Como é comum acontecer nos movimentos de transformação cultural, também aquele encerrava seu contraponto e, junto com a uniformidade adotada pela nova classe média, entrava em cena um personagem de exceção, o burguês extremado que conhecemos como dândi. Figura em tudo representativa do Romantismo, movimento antagônico ao Neoclássico, o dândi privilegiava a liberalidade e a imaginação criativa, direcionando toda a atenção para as formas de se vestir.

Ao longo do século XIX, essas duas forças, a neoclássica e a romântica, irão coexistir e se digladiar como fornecedoras de referências para as manifestações da arte, da arquitetura e da moda.

Mulher em traje
de montaria. 1901.
© Library of Congress,
Washington, EUA.
Cortesia.

O momento, abordado como de apagão nos estilos suntuosos do vestuário masculino, é o período em que a alfaiataria realmente floresce. Se ela dá ao burguês comum um meio potente de representação do nivelamento social, ao dândi ela oferece um arsenal de recursos para o exercício de uma arte requintada: a de vestir-se incomparavelmente bem.

Retrato do conde Robert de Montesquiou. Pintura de Giovani Boldini. 1896. Museu d'Orsay. © Heritage Image Partnership Ltd/Alamy.

Dandismo

A história tem um exemplar seminal de dândi personificado pelo inglês Beau Brummell. Homem tão bem vestido e chegado à vida social que mereceu a inveja de príncipes e nobres entre os séculos XVIII e XIX.

> "Brummell vestia luvas que moldavam suas mãos como uma musselina umedecida. Mas o dandismo não era a perfeição dessas luvas que, tal como a carne, adquiriam o contorno de suas unhas; o que consistia um ato de dandismo era que elas tivessem sido feitas por quatro artistas especiais, três para as mãos e um para o polegar." [1]

Baudelaire anotou:

> "O dandismo é o último rasgo de heroísmo nas decadências." [2]

Ao dândi não interessava o efeito fácil, ele observava rigorosa noção de conjunto e o resultado compunha um tipo particular entre os outros tipos masculinos do seu tempo. Enquanto os nobres definhavam e os burgueses emergiam, a figura do dândi ocupava a frente simbólica dessa transformação. Ele desfilava uma forma inusitada de nobreza, sem sangue azul, sem títulos e, em alguns casos, com dívidas se acumulando no bolso das casacas de acabamento irretocável. A cintura marcada e as calças justas cor da pele torneavam o corpo, as pernas e o sexo, expondo a anatomia masculina de maneira que provavelmente pareceria inadequada nos dias de hoje. O conjunto sinuoso era arrematado por lenços ajustados ao pescoço em volteios bastante elaborados. O dândi, mesmo se fosse um plebeu, vestia-se melhor que o nobre e o burguês e impunha-se em sociedade a partir de um direito fundado na aparência.

Naquele período, no qual a forma de se vestir poderia ser associada a um ato de heroísmo, tinha lugar uma outra revolução, restrita ao âmbito do guarda-roupa masculino. Dado o inédito atravessamento social que ela vestia e ajudava a permitir, não era menos reveladora do que aquelas que a encaminharam, a Francesa e a Industrial.

Até por volta de 1850, parte da geração jovem vestia-se sob influência do dandismo. Assumira hábitos liberais e o gosto por música e poesia como forma de reação ao aburguesamento da sociedade. A moda adotada por eles ecoava o Romantismo tingida com as cores do escapismo e da imaginação.

Ilustração do periódico
londrino The Gentleman's
Magazine. 1828 (recorte).
© NYC Public Library, NY,
EUA. Cortesia.

Se o dândi exibia a arte do refinamento de se vestir como um voo solo e, como bom romântico, desprezava o materialismo com estilos abertos à fantasia, a maioria dos burgueses dispensava os excessos de sofisticação e de imaginação e incorporava as vantagens sociais trazidas pelas novas formas de trabalho, adotando apenas os extratos formais da roupa da época. Para entrar em acordo com outros trânsitos sociais e com a vida nas cidades, que gradativamente exigiam formas mais objetivas e simplificadas, no passado recente eles já haviam desgostado das perucas complexas, dos tecidos adamascados e dos lustrosos sapatos de salto alto. Também haviam dispensado as reverências exageradas e teatrais, o pó branco que disfarçava as rugas e as tintas vermelhas para realçar as bochechas. Os ideais neoclássicos e a praticidade exigida pelas novas configurações do trabalho entravam em rota de convergência.

Alfaiataria na Inglaterra

O alfaiate inglês que agora fazia as roupas burguesas, treinado no trabalho com a lã, material leve e armado que permitia a moldagem solta do corpo, por sua vez, libertara-se da limitação de replicar a anatomia original, passando a construí-la de acordo com o gosto dominante ou com a sua imaginação ou com a do cliente. Essa capacidade de formatar um corpo ideal sem grandes alardes, somando ou subtraindo volumes – hoje em poder das academias de ginástica, dietas e cirurgias plásticas – tornou-se o centro dos interesses da clientela masculina. No controle dessa possibilidade e operando com elementos discretos, alfaiates e homens, em estreita parceria, formataram uma poderosa representação de identidade coletiva através da roupa, a um só tempo estética, social e de gênero.

O genial dessa construção é que ela assimilava, desde o seu início, a dicotomia entre o que é privado, representado pelo ajuste a cada corpo em particular, e o que é coletivo, representado pelo disfarce sob um suposto uniforme de roupa de gênero, classe ou mesmo caráter, considerando que transmitir respeitabilidade era um dos seus atributos.

O efeito era devidamente potencializado pela economia de elementos em jogo, recurso que emprestava, e empresta até hoje, uma superfície visual aproximada à moda masculina, favorecendo interpretações míopes a respeito da sua evolução.

A crescente industrialização das atividades econômicas que estimulara o êxodo rural e a adaptação da roupa masculina às condições de vida urbana dera origem a um exército de velhos e novos ricos e de aspirantes à ascensão social, todos eles dispostos a pagar por aquela imagem progressista reconhecida como a expressão de um novo tempo [3]. Para atender a enxurrada de clientes, a alfaiataria tornou-se a mais valorizada das técnicas e a corrida às roupas deu ao alfaiate a dianteira entre os outros profissionais de ofício.

Uma completa reestruturação do trabalho sustentava essa efervescência. Ao escrever sobre a formação da classe operária inglesa e a transformação das profissões no período, E. P. Thompson [4] registrou a superioridade de status, organização e remuneração dos profissionais de ofício, quando comparados ao perfil da então crescente multidão de trabalhadores da indústria. Aquela que, segundo ele, emergia com seus pátios sujos, feios e atividades automatizadas. Entre os artesãos qualificados, na Grã Bretanha de 1830, há registro de 74 mil alfaiates em atividade. Mais de 2500 apenas em Londres. A maioria, de acordo com Thompson, tinha consciência de sua importância na sociedade e foi a destruição do sindicalismo, em 1834, que minou a posição desses profissionais. Ainda assim, os alfaiates teriam conservado esse status por muito mais tempo.

Algo daquele status, é possível dizer, permaneceu intacto até os dias de hoje. Contribuiu para isso o movimento denominado Arts & Crafts. Para que se tenha uma noção do impacto da industrialização no período, o Arts & Crafts surgiu como contraponto a ela, opondo-se à escalada da produção em massa, apontando seus descaminhos e defendendo o artesanato e as habilidades manuais como essenciais para a construção de uma vida melhor e igualitária. O ideal artesanal do movimento – outra vez um movimento de viés romântico – estendia-se a todas as formas de artes aplicadas, das artes às roupas até chegar à arquitetura e é viável admitir que a alfaiataria tenha se beneficiado dele. O Arts & Crafts [5] foi, em grande parte, responsável pelo prestígio que todas as técnicas manuais e o design preservaram e ampliaram ao longo do tempo.

Por todo o século XIX, e ainda no início do XX, a alfaiataria, que em cronologia elástica chamei de vitoriana, não abandonou as variações para os trajes de montaria do interior da Inglaterra. Era composta basicamente da casaca de cauda de cavaleiro, que ia até o joelho sem cobrir as pernas na parte da frente, colete, camisas de colarinho duro usado alto ou dobrado no feitio clássico e calças culote. Esse conjunto, que mais para o final do século XIX transformara a casaca de cauda em casaca arredondada, posteriormente evoluindo para o paletó mais curto, arrematado por gravatas estreitas em laço ou borboleta, já era produto de uma minuciosa simplificação, embora guardasse vestígios de requinte aristocrático no uso de tecidos e estabelecesse uma figura de desenho caprichoso, encimada por cartolas altas. A casaca formal, ou fraque, também iria ser encurtada, dando origem ao smoking moderno, ou tuxedo, como veio a ser chamado nos Estados Unidos.

A partir daí, a silhueta foi geometrizada gradualmente. As casacas encolheram, as calças adquiriram o desenho reto, acompanhando a linha vertical das pernas até a base, e o preto passou a dominar a cartela de cores. Essa combinação deixou como legado o aspecto grave que associamos ao período e, de certa forma, à roupa masculina até hoje. A era dos homens sérios e muito ocupados tivera início. O terno seria o uniforme dela.

Oscar Wilde e
Sir Alfred Douglas.
1893. © Leemage /
Bridgeman Images.

45   CAPÍTULO 02 ··· ALFAIATARIA VITORIANA

Do outro lado do Atlântico

Senhora na liteira com dois escravos. 1860 circa, Salvador, BA. Fotógrafo não identificado. Acervo Instituto Moreira Salles.

ALFAIATARIAS

CAPÍTULO 02 ··· ALFAIATARIA VITORIANA

No Brasil, ecoando os movimentos europeus, a industrialização e a urbanização também ganhavam fôlego, transformando os hábitos e as formas à volta. Nossa história, entretanto, apresentava outros matizes. Cá do outro lado do Atlântico, em 1798, uma revolução social na Bahia havia sido batizada de Revolução dos Alfaiates [6]. Havia poucos deles entre os envolvidos e ainda assim a sua presença foi a que nomeou a revolta. O fato pode não ser conclusivo, mas aponta para a representatividade da profissão no Brasil ainda colonial.

Vale registrar que uma importante leva de mestres de ofícios importados da Europa, que aprimorariam as técnicas e o gosto por roupas no País, só aportaria por aqui com a chegada da Corte portuguesa, em 1807. Junto com ela, veio também a constatação da humilhante superioridade dos trajes dos recém-chegados. A abertura dos portos e a consolidação do comércio com a Inglaterra, medidas adotadas em ritmo acelerado por Dom João, é que intensificou o fluxo de mercadorias e de novidades, minimizando essa diferença e aplacando a humilhação.

> "Em 1822, com a extensão desse tratado às outras nações, ficou completa a integração do Brasil ao mercado mundial, em proveito dos países europeus revolucionados pelo advento da grande indústria capitalista*." [7]

A independência do Brasil só viria em 1822. No singular palco brasileiro da história, a escravidão só seria abolida em 1888. Até então, alfaiates negros trabalhavam em regime escravo para seus donos e a europeização dos costumes e da moda seguia seu curso a pleno vapor. Importávamos de tudo. Da matéria-prima à forma de usar. Sem filtros que permitissem adaptações estratégicas ao calor local, às condições de trabalho ou ao uso de matérias-primas. Fazíamos assim não por uma estereotipada predisposição tropical à preguiça ou pela ausência de criatividade. Os sucessivos acordos firmados pelas poderosas nações industrializadas com as autoridades portuguesas haviam garantido, com sucesso, nossa escassez de iniciativa e de recursos, bem como a preservação do nosso gosto colonial.

---

* Ainda é lícito perguntar se nos livramos de fato do trauma infringido e da sujeição ao gosto estrangeiro.

Pedro II, Imperador do Brasil. 1883. © Joaquim Insley Pacheco. Biblioteca Nacional, RJ, Brasil. Cortesia.

[página oposta]
Luis Filipe Maria
Fernando Gastão
de Orleans, Conde
d'Eu. 1860 circa.
© Biblioteca Nacional,
RJ, Brasil. Cortesia.

Machado de Assis
aos 25 anos. 1864.
© Biblioteca Nacional,
RJ, Brasil. Cortesia.

Na década de 1840, Dom Pedro II, bisneto do monarca que abrira os portos brasileiros, já chamava a atenção ao optar por trajes civis e recusar as fardas engalanadas. Em 1870, cronistas de vários países da Europa registraram a passagem do Imperador que usava casaca preta sem adornos, de perfil republicano e simplificada. Nosso monarca era um vitoriano. O que o diferenciava de membros de casas reais de outras partes do mundo, também vitorianos, era que ele o fosse nos trópicos e se apresentasse tão informal em ocasiões solenes, às quais não era raro comparecer usando uma sobrecasaca.

Entre as muitas idiossincrasias do soberano na hora de escolher as roupas, a preferência pela sobrecasaca, peça considerada informal e anunciada como democrática pelos periódicos da época, era notória. No livro Dom Pedro II e a Moda Masculina na Época Vitoriana, o pesquisador e doutor em filosofia Marcelo Araújo aborda as motivações do imperador. Ao que tudo indica, ele era um amante incondicional do conforto pessoal. Araújo não deixa de registrar que a informalidade era uma maneira de demonstrar proximidade com o povo, atitude que ele identifica como em voga entre alguns monarcas esclarecidos contemporâneos de Dom Pedro II. O autor também identifica a informalidade como uma reverberação dos ideais de igualdade disseminados pela Revolução Francesa [8].

No Rio de Janeiro, então centro do Império, os alfaiates se estabeleciam por toda a cidade. Com a moda para mulheres amplamente liderada pela França, comerciantes franceses assumiram a importação e o comércio de roupas femininas. Os ingleses permaneciam na vanguarda da moda para homens sustentados pela sua excelente alfaiataria. Essa supremacia era realidade tanto no Rio de Janeiro, então centro comercial e cultural do País, como no resto do mundo que abraçara a modernidade via máquinas, urbanidade e homens vestidos de terno, como vimos anteriormente. Atônitos com o ritmo da modernidade, seduzidos por ela, e em meio às condições políticas e de negócios pouco favoráveis, foi o que nós, brasileiros, à temperatura de 40 graus, também fizemos.

Esse período, no qual as alfaiatarias floresceram e as técnicas do alfaiate foram aperfeiçoadas, encerrou também a semente da sua derrocada como principal fornecedora de roupas para homens. Artesãos de ofício representavam um mundo organizado a partir de habilidades manuais de indivíduos que transmitiam conhecimentos e técnicas de geração a geração, para familiares ou aprendizes. Desde o final do século XVIII, essa dimensão do trabalho já era confrontada com a crescente presença da máquina e do trabalho automatizado. A substituição de métodos artesanais pelos novos paradigmas de produção havia sido deflagrada e, com ela, viriam mudanças drásticas. Tanto nos meios de produção como na estrutura das roupas.

[página oposta]
Revert Henrique Klumb
Autorretrato. 1860 circa.
© Biblioteca Nacional, RJ,
Brasil. Cortesia.

Os fundamentos do terno e as bases da relação dos homens contemporâneos com as roupas foram sedimentados no século XIX. De ajuste em ajuste, o traje do homem vitoriano evoluiu para o traje do homem moderno, movido pela intenção reducionista que deu ao terno sua formação vitoriosa: calça-camisa-paletó-gravata. Perfeita para enfrentar o novo século.

Tanto os ternos como as peculiaridades desse relacionamento sobrevivem até os dias de hoje. Não mais em berço esplêndido, descansados como no passado, mas em meio à turbulência das transformações do gosto e dos comportamentos masculinos, à relativização das identidades de gênero e ao impacto das novas tecnologias têxteis.

Antes de chegarmos a alguns desses fatores, entretanto, precisamos acompanhar sua evolução através da zona de passagem para o século XX.

Roupa de homem, roupa de mulher

Em épocas passadas, o alfaiate homem era responsável por fazer as roupas de ambos os sexos. Ao final do século XVII, na França, um grupo de mulheres obteve de Luís XIV permissão para assumir a condição de alfaiate. Nunca ostentariam esse título, mas desempenhariam a função. Ao longo do tempo, mulheres que tomavam medidas e faziam roupas continuariam a ser tratadas como costureiras, raramente como modistas, atendendo apenas ao público feminino.

O fato delimita o momento em que o ofício da alfaiataria, bem como a roupa produzida por ela, passou a ser quase que exclusivamente masculina.

Durante o século XIX, a divisão entre as formas do vestuário do homem e da mulher havia sido aprofundada até chegar a uma completa diferenciação. Por volta de 1900, a alfaiataria era a materialização de um sofisticado conjunto de técnicas, minuciosamente testadas e aperfeiçoadas sobre o corpo do homem, uma síntese magistral entre funcionalidade e estética manifestas no terno. Projeto maduro, o terno adentrava o século XX também na condição de figurino da contraditória hegemonia dos homens na conformação da cultura. Tanto no que diz respeito à representação de uma encenada supremacia quanto a serviço da suposta idoneidade do seu portador. Essa condição não foi empecilho para que, ao longo de sua história de roupa de homem e produto maior da alfaiataria, o terno fosse eternizado também sobre o corpo das mulheres. De fato, apesar da divisão histórica, a alfaiataria, de uma forma ou de outra, seguiu servindo às mulheres. Pesquisas realizadas nos livros de controle de encomendas de alguns alfaiates tradicionais comprovam essa particularidade, bem mais corriqueira do que se supõe.

Durante o século XIX, a romancista francesa George Sand vestira-se com ternos. Na virada do século, Gabrielle Colette, outra escritora, fizera o mesmo. Quando as sufragistas saíram às ruas, brigando pelo direito de voto, muitas o fizeram dentro do *taylored suit*, a roupa mais próxima de uma versão feminina do terno e precursora inglesa do *tailleur* que Chanel iria desenvolver mais tarde. Ambos eram produtos da alfaiataria.

Como base técnica, a alfaiataria sempre esteve presente na roupa feminina. As inter-relações da alfaiataria com as mulheres, tanto no que diz respeito às representações de identidade quanto nos intercâmbios técnicos, já não cabem mais à sombra dos registros, como se fossem trânsitos secundários.

A alienação da alfaiataria ao território do masculino, um pressuposto poderoso no que diz respeito à alfaiataria clássica, nunca foi inteiramente verdadeiro, nem como prática, nem como uso e nem ao menos na alfaiataria vitoriana. Ruiu mais um pouco nessa fase da modernidade e, sempre que não contradiga os fatos, neste livro essa alienação será deixada de lado ou contraposta a relatos sobre a vertente feminina da história.

Gabrielle Colette.
Escritora francesa.
1873-1954. © New York
Public Library, NY, EUA.

[página oposta]
Anúncio de série de
livros. 1896. © Library of
Congress, Washington, EUA.

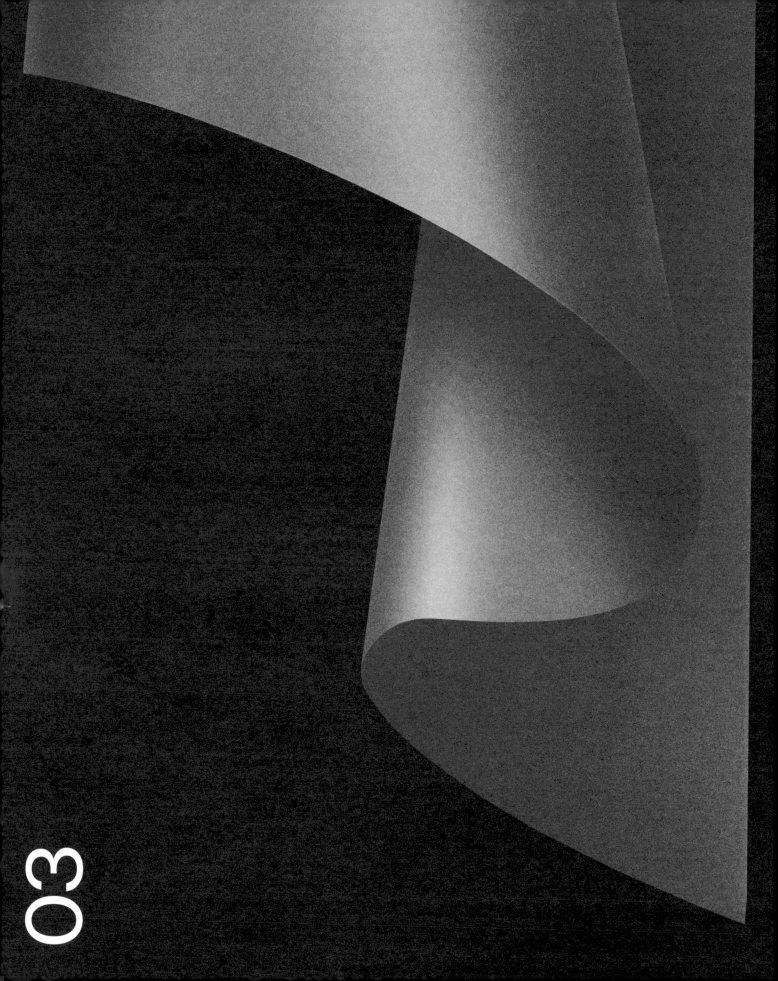

Alfaiataria
Moderna

É tudo moderno

Se considerada a sensata maioria dos historiadores, moderna é toda a história desde o século XV, quando o modo de produção feudal é substituído pelo modo capitalista, o que não elimina a possibilidade de que outros contestem essa datação. Concordando com ela, moderna seria toda a alfaiataria, inclusive a Vitoriana. Nesse caso, coincidindo com a cronologia adotada para o nascimento das vanguardas na arte, por volta de 1860, na Europa. Entretanto, a distância formal que se estabelece entre a alfaiataria praticada no século XIX e a do século XX, especialmente a partir dos anos 1920, acolhe a liberdade da diferenciação dentro da abordagem que este livro se propõe a fazer.

George Washington Carver (à frente, ao centro). Botânico, inventor, cientista e agrônomo norte-americano junto de colegas. Tuskegee Institute (hoje Tuskegee University). Alabama, 1902. © Frances Benjamin Johnston. Library of Congress, Washington, D.C., USA. Cortesia.

Moderno no sentido que deixava para trás os estilos históricos e procurava diminuir a distância entre as belas-artes e as artes aplicadas, estendendo-se a todo tipo de artefato — até chegar a arquitetura —, o Art Nouveau preservava o ornamental valendo-se da geometria e era o estilo do momento entre os dois séculos.

Uma escolha feita foi por empregar alternadamente os termos moderno e modernista, considerando que ambos estão associados à instauração do modernismo no Brasil, a partir da Semana de Arte Moderna de 1922, o que facilitaria a identificação do recorte proposto. A variação é empregada também na Espanha, referindo-se ao movimento cultural que unia ideais progressistas ao nacionalismo e teve forte manifestação na arquitetura de Antoni Gaudí. Semelhanças com o contexto brasileiro não é mera coincidência.

O século XX vai abrigar duas guerras e uma inédita intensidade de transformações em todas as áreas das atividades humanas. Jovens, mulheres, negros e homossexuais irão assumir posição na construção da vida sociocultural. A geopolítica da moda vai se transformar substancialmente. A moda será organizada por décadas e a alfaiataria clássica, a partir da Rua Saville Row, em Londres, endereço no qual os ingleses haviam consolidado outra modalidade de império, vai se manter viva e se consolidar como modernista, por direito fundado nos seus princípios de forma e função.

Abre-alas para um novo século

Entre os dois séculos, a roupa feminina evoluíra simplificando a silhueta em favor do conforto e da conveniência. O já citado tailored suit, de cintura vespa e longa saia em formato de sino, que os alfaiates londrinos Redfern & Sons haviam aperfeiçoado, cedia lugar a uma variedade de formas fluidas.

Em meio à corrida por praticidade, o Art Nouveau impunha o gosto decorativo entre as mulheres, enquanto os homens, sem perder o foco, concentravam-se em apurar o corte na alfaiataria. Usavam paletós curtos e calças que haviam tomado de vez a forma reta, tal e qual a das classes operárias da Revolução Industrial, devidamente transformadas em engenhosa construção pela alfaiataria.

O período entre 1901 e 1910 ficou conhecido como edwardiano, em função da chegada do Edward VII, filho e sucessor da rainha Vitória, ao trono da Inglaterra. O gosto do novo rei pelas roupas foi bem documentado na estreita relação que ele manteve com os alfaiates da Henry Poole, estabelecidos na Saville Row* desde 1806 [1].

Essa casa de alfaiataria, considerada a maior delas, atendia nobres, políticos, intelectuais e milionários de todo o mundo. Como príncipe, Edward encomendara seu primeiro traje em 1860. Desempenhando as funções de rei, já no século XX, mantinha-se como bom cliente. São atribuídas a ele várias das modificações introduzidas na alfaiataria. Teria sido o responsável por solicitar o corte da cauda do fraque, criando a primeira versão do smoking. Inventara o lounge suit, para ficar em casa, e o modelo Norfolk de casaco, específico para a prática da caça [2]. Relaxara algumas exigências torturantes, como aquela que obrigava o homem que frequentava a sociedade a trocar de roupa quatro vezes ao dia, entendendo que essa liberalidade era válida apenas no campo, visto que na vida urbana o próprio príncipe era conhecido por trocar de roupa seis vezes ao dia.

* Vale lembrar que em 1874, Dom Pedro II reconhecera a Henry Poole como fornecedora da Casa Real Brasileira.

Considerando a influência que o monarca exerce e a estreita relação dele com a moda, documentada em imagens de época e nas inúmeras encomendas feitas aos seus alfaiates preferidos, o período propriamente vitoriano da alfaiataria não teria, em verdade, feição tão austera [3]. Sem os excessos do dândi e distante de um suposto esfriamento da relação dos homens com as roupas, a figura do ex-príncipe, agora rei, vai dar nome ao estilo da nova década. Todavia, com a permanência do mesmo personagem à frente da Inglaterra, e com a alfaiataria inglesa a reboque do gosto ditado por ele, os primeiros anos seriam uma extensão e um aprofundamento do que fora o passado. Sem grandes mudanças e com maior intensidade, o gosto por se vestir bem e o valor da boa alfaiataria seguiriam intactos [4]. Edward VII morre em 1910. Em 1912, o Titanic naufraga. Em seguida, eclode a Primeira Guerra, provocando ruptura drástica naquele quadro de estabilidade burguesa.

Mode au bois. 1914.
Agence Meurisse.
© Bibliothèque
Nationale de France,
Paris, FR. Cortesia.

[página oposta]
Jane van Middlesworth
Bellis Sousa. 1905.
© Library of Congress.
Washington D.C.,
USA. Cortesia.

Rei Edward VII. 1841-1910.
© Alexander Bassano.
Interfoto / Alamy.

Indústria incipiente na Belle Époque tropical

No início do século, acontecimentos cruciais do outro lado do mundo reverberavam mais rapidamente no Brasil. Uma nova onda migratória era um deles. Os imigrantes chegavam ao Brasil fugindo da Europa esvaziada de oportunidades pela Primeira Guerra Mundial. Ao contrário daqueles que se alistavam em programas de imigração nos seus países de origem, alguns vinham por conta e risco e eram registrados como imigrantes espontâneos. A chegada, a essa altura, era por São Paulo. Ou se estabeleciam por ali ou avançavam pelo País, até os estados da região Sul. Entre eles, havia artesãos qualificados, alfaiates e outros profissionais com experiência em confecção e comércio de roupas. Eram portugueses, italianos, alemães, árabes, e, em menor número, de outras nacionalidades, húngaros inclusive, como a família Mirkai, cujos descendentes foram entrevistados neste livro.

Os acordos comerciais que, ao longo dos séculos anteriores, haviam dificultado nosso acesso às máquinas, preservando-nos como fabricantes de tecidos rústicos e consumidores passivos da expansão industrial internacional, agora favoreciam a produção artesanal. Competindo com uma indústria fraca, as alfaiatarias cresciam comandadas por profissionais de prestígio, com vários funcionários e aprendizes dividindo a clientela farta com outras de menor porte.

Retrato de três homens.
Início do século XX.
Porto Alegre. RS.
Acervo do Museu de
Porto Alegre Joaquim
Felizardo. © Virgilio
Calegari. Cortesia.

[página oposta]
Mulher de uniforme.
Início do século XX.
Porto Alegre, RS.
Acervo do Museu de
Porto Alegre Joaquim
Felizardo. © Virgilio
Calegari. Cortesia.

Magasins du comptoir général. Cartaz. A. Normand. 1875. Bibliothèque Nationale de France, Paris, FR. Cortesia.

[página oposta]
L'Entente cordiale. A Paris-Tailleur Cartaz. M. Auzolle. 1906 Bibliothèque Nationale de France, Paris, FR. Cortesia.

Quem desejava aprender o ofício aproximava-se dos alfaiates experientes e era admitido como aprendiz dentro da linha de produção da alfaiataria, desenvolvendo pequenos trabalhos até adquirir maior experiência.

Personagens como o cronista carioca João do Rio e o inventor mineiro Santos Dumont, este de trânsito internacional, eram homens bem vestidos, de grande visibilidade e influência. Apelidados de almofadinhas e sob críticas dos conservadores, ajudavam a elevar os padrões de gosto e o status da alfaiataria.

Tal como as cidades europeias, Rio de Janeiro e São Paulo se transformavam para receber novos moradores e estilos de vida. Além dos alfaiates, grandes lojas ofereciam serviços de alfaiataria sob medida ao lado de produtos prontos. A Casa Raunier era uma delas, fundada como alfaiataria por um francês, expandiu como loja com sedes no Rio e em São Paulo [5].

O formato das grandes lojas de departamento europeias e americanas não demorou a chegar ao Brasil. Além da Raunier, o Mappin era outra loja que oferecia serviços de alfaiataria na seção masculina. Os estilos em voga na Europa também não eram estranhos entre nós. A Confeitaria Colombo era exemplo perfeito de Art Nouveau instalada no centro do Rio de Janeiro desde 1894. Periódicos e manuais dedicavam-se ao projeto civilizatório da sociedade local, divulgando as regras de boas maneiras e de se vestir. Entre eles, em 1900, o *Manual do bom tom* já estava na sexta edição [6].

Apesar desses focos de desenvolvimento, o Brasil era um país de indústria incipiente e o gosto da população era majoritariamente conservador. Grande parte das mulheres costurava as próprias roupas e um número significativo de costureiras fazia roupa sob medida sem desfrutar de nenhum prestígio. Feita no improviso e sem grandes tradições técnicas, a moda feminina poderia ser precária. O mesmo não se aplicava à alfaiataria, cujas regras bem constituídas impediam que um alfaiate ruim se estabelecesse. Essa havia sido, em grande parte, a vantagem da roupa masculina sobre a feminina na Europa. A história agora se repetiria entre nós.

Mulheres em uniformes
e trenchcoat durante
a Guerra. 1919. Library
of Congress, Washington,
D.C., USA. Cortesia.

[página oposta]
Santos Dumont. 1873-1932.
© Photos 12. Alamy.

      Com a Primeira Guerra Mundial, o espírito otimista da Belle Époque viraria história, de certa forma, contribuindo para alinhar os destinos das alfaiatarias feminina e masculina. Convocadas ao trabalho, as mulheres aderiram a roupas práticas e dispensaram adornos. Parte das restrições aceitas como consequência do conflito armado, encerrado em 1918, logo passariam a ser apreciadas como manifestações de estilo. Menos volume levando a formas planas e precisão no corte, por exemplo, características amplamente dominadas pela alfaiataria, entraram para o repertório das roupas dos dois sexos. Geograficamente, estávamos longe da zona de guerra, mas permanecíamos sob todos os aspectos na área de influência da moda europeia e, de uma forma ou de outra, o certo é que essas e outras novidades chegaram até aqui.

Alfaiataria, vanguarda na arte e no design

Ao longo da sua evolução, a alfaiataria possibilitara perfeita representação da anatomia masculina através da roupa, em tudo adequada às funcionalidades corporais. Enquanto na moda feminina a parte inferior do corpo desaparecia sobre as saias e os movimentos eram restringidos, na roupa masculina, as pernas, com todas as suas articulações e volumes, eram torneadas e expostas. Para se chegar à forma final da roupa, os movimentos eram adequadamente considerados. O mesmo princípio valendo para os braços e estendendo-se ao funcionamento do conjunto. O abstrato vestuário masculino havia mantido "os corpos dos homens inteligíveis" [7], anotou Anne Hollander e, por volta dos anos 1920, o terno era expressão consumada dessa inteligibilidade.

Em outro campo, as questões levantadas pelos movimentos de vanguarda impactavam não apenas os rumos da arte, elas se estendiam à moda e ao design. O cubismo explicitara a geometria de todas as formas*. O futurismo buscava captar o movimento da cultura em estado puro. Esses são apenas duas entre as várias frentes de investigação e criação que então transformavam nossa maneira de enxergar e representar as formas do mundo e, por extensão, o próprio corpo. Não é mera coincidência o fato de que o conceito de design, gestado a partir da Revolução Industrial, tenha se consolidado como disciplina no mesmo período.

A Bauhaus, talvez a mais conhecida das manifestações associadas à história do design, surgiu em 1919. No ambiente prático e intelectual que aquela escola estabeleceu para o design e para a arquitetura, tomada como referência e espalhando-se da Alemanha para o mundo, os objetos e espaços estavam a serviço do homem. Sua forma deveria ser excelente na mesma medida que eles deveriam ser funcionais. No seu projeto de mediar a passagem do artesanato para os meios de produção industrial, a Bauhaus pretendia criar produtos que fossem artísticos e comerciais e, através deles, infiltrar a arte na vida cotidiana [8].

Para cumprir o propósito de levar arte e funcionalidade para todos, democratizando o acesso à produção, entretanto, era necessária a aproximação com a indústria. De certa forma, o artista-artesão teria que se transformar em engenheiro e técnico para dar conta do desafio. A encruzilhada que explicitava o caráter utópico da Bauhaus iria nortear o futuro de confrontos da alfaiataria, e de todo o artesanato, com a produção industrial.

* Essa relação antiga, bastante explorada no vestuário renascentista e potencializada pelas roupas ao longo dos séculos, ganhou força através dos movimentos de vanguarda do início do século. Do Cubismo, que tratava as formas da natureza como figuras geométricas, ao racionalismo ergonômico proposto pela Bauhaus.

[página oposta]
Seigneur De Rimini. Séc. XV. © The New York Public Library, NY, USA. Cortesia; Henri II. Início do séc. XVI. © The New York Public Library, NY, USA. Cortesia; Godefroi De Barri, Seigneur De Ranaudie. Início séc. XVI © The New York Public Library, NY, USA. Cortesia.

Corpo e geometria. XX. Triadisches Ballet. Oskar Schlemmer. 1927. © Bauhaus-Archiv Berlin.

Os ideais da Bauhaus e as definições posteriores de design, com sua ênfase na idealização, desenvolvimento e especificação de artefatos para a solução de um problema, parecem descrever o que a alfaiataria realiza. No entanto, a história do design que registrou a cadeira Wassily de Marcel Breuer como cadeira particular, apesar das milhares de outras cadeiras existentes, não registrou um único terno desenvolvido por determinado alfaiate como parte do seu legado. Isso ocorre porque o design de moda é registrado à parte, e ambos os campos tendem a desconsiderar a convergência de princípios, processos e objetivos comuns. Quando se trata do registro dos objetos memoráveis para o campo do design, os objetos da moda seriam transitórios demais? Reprodutíveis demais?

A alfaiataria, com seu refinado aparato técnico e princípios requintados de adequação ergonômica é responsável por um projeto genérico de design de indiscutível qualidade: o terno. Em estreita sintonia com os preceitos do design moderno, esse artefato, que é um exemplo acabado de síntese formal e funcionalidade, contradiz essas e outras considerações.

Esportes e Coco Chanel, a infiltrada

Até o começo dos anos 1920, o terno não havia mudado muito. Era ajustado e estruturado de acordo com as regras da Saville Row dos dois lados do Atlântico. Provavelmente insatisfeitos com essa longevidade da tradição, e ávidos por novidades, os jovens encontraram alternativa mais leve em versões menos formais do terno, já sob a influência da prática de esportes, e de um estilo universitário surgido na Universidade de Oxford.

No paletó desse estilo, foram diminuídos os enchimentos do peito, as lapelas ficaram estreitas, o abotoamento era de três ou dois botões. Grandes bolsos externos foram colocados na parte de baixo da frente. Enquanto na parte superior do corpo a silhueta era pouco estruturada, mas ajustada, na inferior, as calças Oxford eram excepcionalmente largas e confeccionadas em cores claras. Concebido como reação aos códigos rígidos da alfaiataria admitida nas universidades tradicionais, o estilo deve ser considerado um marco no espectro de outras frentes de distensão de regras que a alfaiataria viria a abrigar. Por trás dele, impulsionando o espírito transformador, estavam os já citados esportes que começavam a ganhar espaço na vida cotidiana. A partir daí, os desenhos de roupas para a prática das diferentes modalidades iriam desempenhar papel crucial nos estilos masculinos.

Na história da alfaiataria para mulheres, o efeito colateral não seria menor, particularmente através de intervenções na roupa feminina executadas à época por uma estilista em ascensão chamada Gabrielle Chanel. A roupa feminina que vinha em um crescendo rumo à praticidade iria encontrar nessa mulher de origem humilde a figura ideal para implantar no coração da moda da elite aristocrática princípios radicalmente democráticos. Foi com o despojamento dos trajes das classes trabalhadoras, o espírito da roupa esportiva e os recursos da alfaiataria que ela fez o que fez. Já conhecida como Coco Chanel, ela cortou, eliminou, extraiu e remontou as partes até chegar a melhor versão feminina do terno. Nesse percurso, entregou às mulheres liberdade de movimentos equivalente à conquistada pelos homens no século anterior. Assim como seu avatar masculino, o tailleur que ela inventou reinterpretando as proporções do tailored suit sobrevive até hoje.

A trajetória de Chanel, um caso de ascensão social e de insubmissão às regras do que era de homem e do que era de mulher – do sucesso profissional às roupas – é, também, um caso de subversão técnica. Outras mulheres estilistas, algumas com maiores habilidades que ela, como Madeleinne Vionnet e Janne Lanvin, estavam em atividade no mesmo período. Foi a objetividade com a qual ela abordou a forma e a construção de uma peça, sem pedir licença ao passado, que lhe garantiu lugar entre os revolucionários na história da moda em geral e na da alfaiataria feminina, em particular.

Coco Chanel. 1928.
© Pictorial Press
Ltd / Alamy.

ALFAIATARIAS

Androginia por mulheres

Fatos marcantes para a alfaiataria na década de 1930 podem ser colocados na conta das atrizes Marlene Dietrich e Greta Garbo, mais tarde seguidas por Katherine Hepburn. Vestidas de ternos, elas protagonizaram imagens memoráveis, cheias de contrastes nos rebatimentos de luz e sombra e exaustivamente copiadas até os dias de hoje.

O momento serviu para isolar a calça de alfaiataria como um item à parte do terno, popularizando-a entre as mulheres. De barra italiana, solta do corpo e com pregas dos dois lados, o modelo tinha cintura alta arrematada por cós, passadores e longos bolsos laterais [9].

Imagens de mulheres vestidas com roupas masculinas de alfaiataria, largamente exploradas no cinema, na publicidade e na moda, passariam a operar como armadilhas visuais, desestabilizando a certeza dos papéis de gênero e do gênero das roupas. Embaralhavam essas representações muito antes que homens travestidos de mulher ganhassem visibilidade, ou que a classificação das roupas feitas pela distinção de sexo passasse a ser questionada, como acontece atualmente. Também nesse sentido é difícil não concordar com Anne Hollander quando ela afirma que a roupa masculina esteve sempre à frente da moda feminina [10]. Para a autora, a alfaiataria masculina conduziu e estruturou a maioria das transformações significativas ocorridas nas formas de vestir, inclusive no universo da moda feminina.

[página oposta]
Príncipe de Gales
e Príncipe George,
Duque de Kent. 1927.
© Major Matthews James
Skitt. City of Vancouver
Archives, Vancouver,
CAN. Cortesia.

[à direita]
Marlene Dietrich. 1901-
1992. © MARKA/Alamy.

Moda masculina
para mulheres.
1933, Inglaterra.
© Bibliothèque
Nationale de France,
Paris, FR. Cortesia.

75   CAPÍTULO 03 ··· ALFAIATARIA MODERNA

Americanos na pauta

Em 1929, a quebra na bolsa de Nova York estendera um dramático manto de restrições sobre os países industrializados. A partir dos Estados Unidos, estava aberto o caminho para anos de contenção econômica, crescimento da informalidade e, consequentemente, para a entrada no mercado das roupas industriais a baixo preço. Sobre a alfaiataria, os impactos desse cenário foram enormes. Eram escassos os materiais de qualidade tradicionalmente empregados nela e sobravam ofertas de similares baratos no mercado. Esse quadro se arrastou até o meio da década, quando um breve período de recuperação econômica alimentou o retorno do sob medida e os bons tecidos voltaram a circular. A partir daí, a alfaiataria iria desenhar um homem de tronco avantajado com ombreiras geometrizando a silhueta, paletó de mangas ajustadas na região dos pulsos e calças que permaneciam largas.

Na onda da influência norte-americana, novos trajes surgiram, entre eles o drape suit, ou terno drapejado atribuído ao alfaiate holandês Frederick Scholt [11]. Com ombros bem assentados, os cuidados eram por marcar bem a cintura e desenhar o tronco, ampliando-o sem rigidez para dar movimento aos braços. O abotoamento podia ser simples ou duplo trespassado. Vincos verticais nas mangas subiam até a cava pequena, ponto que deveria sustentar o conjunto, emprestando naturalidade ao caimento da peça. Adotado por atores de Hollywood, o drape suit ficou adequadamente conhecido como terno americano.

O quadro de relativa prosperidade que tem lugar na segunda metade dos anos 1930 duraria pouco. Nos anos 1940, a Segunda Grande Guerra vai impor linha dura nas formas de se vestir. Em casos extremos, o uso de lã era restrito, as calças perdiam o vinco e o abotoamento voltava a ser simples ou era sumariamente eliminado, assim como guarnições e forros em algumas partes do paletó. Embora a preferência fosse por uma silhueta avantajada nos ombros e pelo abotoamento duplo, esses efeitos encareciam o produto final e, naquele cenário de penúria, todas as proporções tendiam a encolher.

Como experimentado sobrevivente, o terno permanecia como a roupa cotidiana do homem. Fotos de época revelam mesmo a um exame superficial que a maioria deles, de todas as idades e classes sociais, vestia ao menos um paletó.

Geograficamente distante dos palcos da guerra, Hollywood procurava ampliar essa distância com filmes de temas escapistas, divas platinadas e galãs bem vestidos. A alfaiataria norte-americana aproveitava o vácuo deixado pelas nações europeias às voltas com o conflito para impor-se. A época, de toda forma, era pouco propensa a extravagâncias e a alfaiataria do período, avessa às grandes transformações, concentrava-se no bom corte sem se afastar da modelagem do passado.

Variações do drape
suit com abotoamento
duplo. Anúncio. 1942.
© Historic Florida/Alamy.
Cortesia da New York
Public Library, NY, EUA.

77 CAPÍTULO 03 ··· ALFAIATARIA MODERNA

Subculturas e tradicionalistas de espírito jovem

Vindo de uma subcultura, o terno zoot, de blazer e calça excepcionalmente folgados, vestia os músicos de jazz e contradizia o comedimento reinante. Havia sido introduzido na alfaiataria na década de 1930 e iria ganhar fôlego só no final da década de 1940. Em padrões e proporções exageradas, ele tornou-se responsável por oferecer uma opção adequada ao sentimento de pós-guerra. O modelo era identificado como figurino de transgressão social, usado por jovens negros. Pelo consumo excessivo de tecido, era tachado também de antipatriótico. Ao fim da guerra e provavelmente cansados de restrições, os homens relaxaram as defesas e adotaram aquelas medidas avantajadas a despeito da má fama que as acompanhara até então. O zoot era copiado em todos os cantos, desde que houvesse um alfaiate para reproduzi-lo dentro de padrões aceitáveis pelo cliente.

  No polo oposto, bem distante das forças subculturais alimentadas pelo espírito transgressor de jovens negros, vai surgir nos Estados Unidos uma nova alfaiataria inspirada no ambiente universitário inglês. Ela tinha como desafio traduzir o espírito jovem e ao mesmo tempo espelhar a classe social (alta) de quem a usava. Ao final, compunha um estilo conservador, mas que seduzia pelo frescor e leveza. Por ter nascido nas escolas preparatórias da elite americana, o estilo ficou conhecido como preppy, e foi além da alfaiataria, abrindo caminho para a roupa casual que, em breve, se tornaria genérica sob a poderosa influência da roupa esportiva. O preppy surgiu no ambiente da Ivy League, organização esportiva formada por várias universidades tradicionais como Princeton e Harvard. Ele é sintetizado pelo terno "saco", de 3 a 2 botões, e colete de abotoamento simples ou trespassado, blazer de ombros naturais, contrastando com a calça folgada sem pregas. Os fornecedores eram variados e os trajes provinham tanto de casas de alfaiates sob medida quanto da produção industrial. A Brooks Brothers, a mais antiga marca de roupas masculinas dos Estados Unidos, fundada em 1818, era um dos fornecedores que ofereciam ambas as possibilidades, tendência crescente no período.

Rayfield McGhee veste
terno zoot. 1942.
© Historic Florida/Alamy.

79   CAPÍTULO 03 ··· ALFAIATARIA MODERNA

Mulheres, guerra, alfaiataria industrial e os grandes mestres

Para as mulheres que saíam de casa para trabalhar, conjuntos de saia e casaco voltados para a funcionalidade e derivados do tailleur ganharam enorme popularidade. A maior demanda feminina pela alfaiataria — e dos exércitos por uniformes militares — nesse período acelerou as adaptações industriais, influenciando na dramática queda do número de alfaiates que trabalhavam artesanalmente de acordo com as regras clássicas, agora simplificadas e delegadas à máquina.

Pelo meio da década, com o fim da guerra, o espanhol Cristóbal Balenciaga estabelecera padrão tão elevado para a alfaiataria feminina que raramente seria igualado depois. Graças a ele, a silhueta ganhara um protagonismo sem precedentes na moda, entendida como construção aberta ao imaginário do criador, desde que ele dominasse os recursos técnicos para mantê-la em pé, obviamente. Ele, que iniciara a carreira como aprendiz de alfaiate, os tinha de sobra e passou para a história como o melhor construtor de roupas que a moda já produziu.

Alfaiataria Henry Poole. Savile Row. 1944.
© War Archive/Alamy.

[página oposta]
Modelo veste Dior. 1948.
© Daily Mail/Rex/Alamy.

É nesse cenário que, em 1947, Dior lança a linha Corolle, logo batizada de New Look. A cintura ampulheta, a saia rodada e o casaco curto e justo, estruturado por complexo sistema de pences, entretelas, barbatanas e arames, eram uma atualização do fausto técnico da alfaiataria do século XIX, investido dos modernos atributos arquitetônicos pelos quais o pós-guerra tanto ansiava.

Como que espionando essa efervescência do pós-guerra, o prêt-à-porter, ainda uma força menor, afiava as armas e começava a estabelecer regras e níveis de produção que logo se tornariam asfixiantes para a hegemonia da roupa sob medida.

Alfaiates maiores e a roupa industrial no Brasil

Estádio do Pacaembu. 1942. São Paulo. © Thomaz Farkas. Acervo Instituto Moreira Salles.

No Brasil, ao lado de brasileiros, vários alfaiates estrangeiros ou de descendência estrangeira estavam plenamente estabelecidos nas cidades há algumas décadas e reproduziam os modelos que as revistas divulgavam. Entre esses alfaiates, o italiano De Cicco marcou época não apenas pela mestria com a alfaiataria clássica, como também pela habilidade de introduzir modificações na concepção dos ternos e nas formas de usá-los. Trabalhando para a sociedade do Rio de Janeiro e para uma vasta clientela que incluía personalidades internacionais, ele foi celebrizado pela alta qualidade, pelos preços elevados e pela longa parceria com o guarda-roupa de Getúlio Vargas. Gustavo Camargo é autor de um livro que trata da trajetória desse alfaiate icônico. Usando recursos ficcionais e substancial pesquisa histórica, o autor estabelece, por extensão, uma narrativa sobre a profissão de todos os alfaiates que trabalharam e ainda trabalham com a alfaiataria clássica no Brasil [12].

Os relatos das façanhas de seu personagem nos círculos do poder econômico e político da época são particularmente esclarecedores. Deixam claro que, se na origem alfaiates eram artesãos humildes, nessa vertente à qual De Cicco pertencia, um alfaiate podia desfrutar de grande prestígio.

No Brasil, foram profissionais como ele que moldaram o perfil do alfaiate que melhor sobrevive na atualidade, associado ao luxo da exclusividade e com margem de opinião sobre as escolhas do cliente. Por mínima que ela seja, essa margem em particular soma à imagem do alfaiate técnico a do árbitro de estilo dentro de um universo circunscrito. O resultado dessa combinação parece exercer apelo irresistível sobre a nova clientela da alfaiataria. É o que transparece nas entrevistas concedidas por alguns profissionais atuais, como veremos mais adiante.

A confecção industrial de roupas masculinas prontas tomou algum vulto nos anos 40. Ainda assim, as alfaiatarias se espalhavam por todos os bairros das grandes cidades e pelo interior do País.

O terno ainda era a roupa de todos os homens, de todas as idades e classe sociais. A concorrência, contudo, era acirrada. Muitos alfaiates já não conseguiam se estabelecer com a mesma facilidade. A alfaiataria industrial reduzira o número de aspirantes a aprender a profissão, e a crescente informalidade era ameaça a ser considerada.

Algo que denota a crescente presença da alfaiataria industrial no mercado, àquela época, eram os recursos que os alfaiates desenvolveram para diferenciar a roupa sob medida e valorizá-la. O pulso do paletó com fenda e casas funcionais, por exemplo, era comumente empregado como fator dessa distinção e é recurso válido até hoje. Ainda assim, a alfaiataria industrial corria atrás do exército de alfaiates que se espalhara pelo País, este, sim, muito bem preparado para atender à enorme demanda.

CAPÍTULO 03 ··· ALFAIATARIA MODERNA

Novos clássicos e a era da roupa casual

Nos anos 1950, a casa Brioni, que havia sido fundada em Roma, em 1945, viria a colocar a alfaiataria italiana em palco antes dominado pelos ingleses. Simples e clássica, a silhueta do novo terno, batizado de terno continental, era fluida e natural. O paletó tinha ombros na medida do corpo e lapelas estreitas, com apenas uma linha de abotoamento e caimento suave. Essas linhas funcionais firmaram-se como paradigma da década que se queria moderna e urbana. É atribuída à casa Birioni a realização do primeiro desfile de moda masculina, em 1952.

No Brasil, o quadro de prosperidade da alfaiataria mudaria drasticamente nos anos 1950 com a entrada no mercado de lojas de roupa pronta masculina. Redes como a Ducal vendiam ternos baratos e a crédito. Os processos de confecção eram simplificados e os tecidos, pouco nobres, ajudavam a levar os preços para baixo, conquistando enorme público entre a classe média e esvaziando as alfaiatarias menores, nas quais parte dessa clientela se abastecia.

O fim de uma era ganhava capítulo decisivo. A partir daí, à alfaiataria clássica, não coube alternativa a não ser conviver com a alfaiataria industrial. Como alternativa rápida, barata e acessível, essa adaptação de técnicas manuais refinadas à fabricação em série foi para a alfaiataria artesanal masculina o que o prêt-à-porter havia sido para a alta-costura feminina.

A diferença entre esses dois casos reside no fato de que usufruir da qualidade da alta-costura era privilégio de poucas mulheres. A alfaiataria masculina, por sua vez, educara um número maior de homens dentro de um padrão de qualidade elevado no que se referia às roupas. Como consequência, o terno pronto, embora tenha evoluído, ainda encontrava, e encontra, um rival superior no terno sob medida.

[página oposta]
Grupo em frente a loja de roupas masculinas. Década de 1930. Diamantina, Minas Gerais. © Chichico Alkmin. Instituto Moreira Salles.

Marlon Brando. 1950. © Pictorial Press Ltd/Alamy.

É fato que não é todo homem que tem o tempo e os recursos financeiros para escolher um alfaiate, realizar as provas necessárias e arcar financeiramente com a experiência. Entretanto, desde que possa, é exatamente isso o que ele vai fazer. Foi essa condição que possibilitou à alfaiataria clássica sobreviver nos extratos de luxo — ainda assim não tão exclusivos quanto os da alta-costura —, atendendo a poucos clientes e vendendo a preços altos.

Mas essa realidade, nos anos 1950, não se consumaria tão rápida, nem de forma absoluta. Mesmo porque a alternativa industrial não era a única ameaça. A alfaiataria, independente de como era executada, deixaria de ser a roupa cotidiana de todos os homens, gradativamente substituída pela roupa casual. Além da alfaiataria industrial, entrava em cena a fulminante receita informal protagonizada pela calça jeans e pela camiseta de malha.

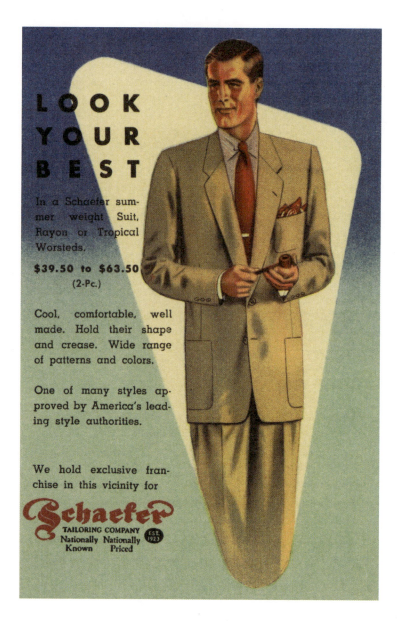

Terno continental. Anúncio. Década de 1950. © Lake County Discovery MuseumUIG / Bridgeman Images.

[página oposta] Mods em Moscou dançando o twist. 1950. © SPUTNIK / Alamy.

Eterna juventude inglesa

Ao fim da II Guerra Mundial, uma série de subculturas juvenis ganhou as ruas de Londres. Em algum ponto entre elas, na passagem dos anos 1950 para os 60, surgiram os mods, jovens que adotaram a moda como forma de oposição aos valores tradicionais.

Eles desenvolveram uma suave e sofisticada combinação dos estilos italiano e francês do período. Com ternos de lapelas estreitas, feitos sob medida, usados com camisas de colarinho pontiagudo. Os alfaiates ingleses, dessa vez, sustentariam uma alfaiataria de exceção. Os rapazes londrinos dessa subcultura emergente tinham predileção por tecidos vistosos, usavam veludos e sedas, camisas justas e gravatas estreitas. Coube a eles e à eterna juventude britânica afrontar a ideia de que apenas homossexuais estariam interessados em moda. Também demoliram a noção de que a roupa masculina era tão somente um indicador de status.

A alfaiataria mod ajudou a compor o ambiente da Swinging London, termo usado para descrever a efervescência cultural da Londres dos anos 1960. A inquietação, entretanto, não era apenas inglesa, era de toda uma geração e se espalhou pelo mundo. Dali por diante, a juventude assumiria o papel de protagonista da história e da moda. É o que explica o inacreditável guarda-roupa masculino dos anos 1970, extravagante como se estivesse fora da curva histórica. A moda do período extrapola previsões, impulsionando a onda revolucionária que contagiara a juventude ocidental na década anterior.

Em paralelo, nos redutos tradicionais da alfaiataria, alguns alfaiates ingleses haviam se adaptado às linhas do terno italiano, bem mais esguias que aquelas adotadas na Saville Row. Tommy Nutter, entretanto, foi um dos que escolheu não negociar em termos tão suaves com a influência continental. Ele assumiu o papel de alfaiate dos astros da arte e da música pop, entregando ternos tão bem feitos quanto espalhafatosos e ajudando a manter a alfaiataria inglesa no centro das atenções.

Nutter sabia como explorar elementos do passado. Desenhou um novo ombro, alto e pontudo, de apelo dândi, e retomou a calça Oxford com todos os seus centímetros de largura. No uso dos padrões clássicos, misturados e ampliados, ele assombrava seus contemporâneos, seduzindo quem ansiava por novidade ou precisava dela para marcar presença na vida pública.

O astro pop David Bowie, um exímio manipulador de imagens de moda, transitou pelos anos 1960 como legítimo representante mod. Nos anos 1970, era adepto de uma alfaiataria exuberante. Se em parte da carreira ele foi um extravagante nos palcos, fora deles, durante toda a vida, foi amante da boa alfaiataria. Existem mais registros fotográficos de David Bowie usando ternos impecáveis do que figurinos transgressores.

Anúncio da Tommy Nutter. Década de 1970. © The Advertising Archives / Alamy.

David Bowie para a revista GQ americana. 1978. © Trinity Mirror / Mirropix / Alamy.

[página oposta] Anúncio da Saint Laurent. Anos 2000. © The Advertising Archives / Alamy.

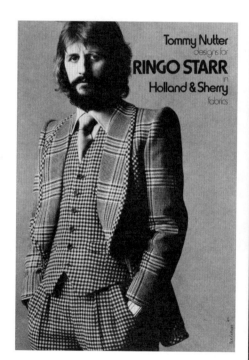

ALFAIATARIAS

O *Le smoking*

Na alfaiataria feminina, o Le smoking de Yves Saint Laurent, lançado em 1966, só chegou ao grande público em 1975, através das lentes do fotógrafo alemão Helmut Newton.

A foto que se tornaria célebre foi tirada na Rue Aubriot, no bairro Marais, em Paris. Vikebe, modelo que trabalhava regularmente com Newton, encarnava um dândi do século XIX. O que se via na imagem era uma mulher de terno cuja linguagem corporal era marcadamente masculina. Ainda assim, o que se desprendia daquela figura confiante era uma atmosfera de extrema feminilidade. Esse atrito entre identidades sexuais na alfaiataria feminina, explorado desde o século XIX, e que ganhara impulso nos anos 1930 e 1940, estava de volta para não mais sair de cena. Muitos outros criadores adotaram o terno masculino. A Saint Laurent fez do Le Smoking uma identidade da marca, preservando-o até os dias de hoje.

Um projeto de futuro nos anos 1980

Para encerrar o período livremente tomado aqui como modernista, os anos 1980 abrigaram acontecimentos significativos, tanto para a irrefreável adaptação da alfaiataria artesanal à industrial como para a definição de novos padrões técnicos e formais para a alfaiataria sob medida.

Na alfaiataria feminina, a década vai impor uma silhueta triangular radical, estruturada a partir dos ombros extraordinariamente largos. É um período ao qual se poderia chamar de maneirista. Os recursos tradicionais da alfaiataria, que possibilitavam esculpir a roupa, liderados pelas indefectíveis ombreiras, eram exagerados ao estágio da caricatura, configurando um ponto de saturação do repertório clássico da modelagem, do corte e da construção. Parte da alfaiataria masculina acompanhava essa vertente.

Apontando na direção contrária e dando continuidade à entrada italiana, Giorgio Armani instalou a alfaiataria masculina outra vez uma posição à frente. Eliminando entretelas e outros enchimentos, ele desconstruiu a rigidez inglesa em favor do terno que caía sobre o corpo do homem de um jeito sensual, como não se vira antes. Essa fluidez deu ao corpo masculino uma inédita visibilidade.

Sem recorrer da mesma forma que no passado à complexa modelagem de um corpo ideal, resultava de uma alfaiataria que transferia para a anatomia, com notável sensibilidade ao movimento, o protagonismo na forma final. Por outro lado, a redução de procedimentos facilitaria enormemente a confecção do terno em escala industrial.

Depois do moderno também é moderno

A construção leve do terno apontada pelos italianos, consolidada em marcas como Ermenegildo Zegna e pelas já citadas Armani e Brioni, sobreviveu. Com pequenas variações formais e intercâmbios crescentes com os estilos casuais, o direcionamento da alfaiataria permaneceu orientado pela conquista de uma interação desembaraçada entre a alfaiataria e o corpo.

Passadas algumas décadas, e apesar do bem sucedido projeto italiano de eliminar peso e formalidade, o reconhecimento da importância dessa influência convive com a percepção de que produtos da alfaiataria permanecem protocolares. Não importando quão casual possa ser a versão, ocupam o lugar da roupa formal quando a imensa maioria adere à informalidade.

Nesse cenário, a evolução e a sobrevivência da alfaiataria como roupa cotidiana ficaram em parte condicionadas à assimilação de qualidades da roupa casual. A tecnologia têxtil hoje é vista como o caminho para se chegar até essas qualidades e a ideia de elegância nunca esteve tão visceralmente dependente de uma experiência confortável no uso da roupa. Por maior que seja o poder de atração da alfaiataria, ela será duramente examinada ao crivo do conforto real de usá-la e, mesmo em outro reduto da alfaiataria, o do traje de ocasião, essas exigências não são afrouxadas.

Esse retrato genérico, que não trai a realidade da alfaiataria clássica nos anos — nem nessa segunda década do século XXI — pode ser aplicado sem grandes distorções à alfaiataria industrial e às versões femininas de ambas as vertentes. Todas elas — é preciso dizer — ainda fundadas nos princípios de forma e função do design moderno.

Entreato

A essa altura do século XX, e dentro do recorte proposto neste livro, optamos por não persistir no roteiro por décadas, abordando a alfaiataria diante da informalidade grunge dos anos 1990, por exemplo. Também foi considerado que não havia razões suficientes para confrontar a alfaiataria com o Minimalismo quando, à sua maneira, a alfaiataria adotou princípios minimalistas desde a origem.

Outro recurso deixado de lado foi a superposição do grid cronológico da alfaiataria internacional ao grid da alfaiataria praticada no Brasil. Por mais que nossa história nesse campo tenha sido colateral e derivada, não apenas a divisão por décadas pertence ao século XX, como a um tempo de vinculação colonial tardia da moda brasileira à moda internacional. No tempo presente, a alfaiataria será considerada em simultaneidade na cena global na pluralidade das suas tradições e significados.

Italiana ou brasileira, vitoriana ou modernista, clássica ou industrial, de homem ou de mulher, todas as origens e configurações da alfaiataria são legitimas quando tomadas como coisas reais. Não há como negar sua coexistência nos registros históricos e conjuntos de práticas, ou ignorar a simultaneidade em que ocorre as alfaiatarias industrial e a artesanal, seja nas suas interações positivas, seja nos seus pontos de conflito.

Estabelecida mais uma vez a horizontalidade da abordagem, é hora de avançar em direção à alfaiataria contemporânea entendida como um vasto acervo técnico, artesanal e industrial, a serviço de projetos criativos específicos e pouco convencionais.

Terno Armani. Richard Gere no filme Gigolô Americano. 1980. © AF Archive / Alamy.

04

Alfaiataria
Contemporânea

Tradição e conflito

Ao abordar a alfaiataria contemporânea, recorro a um trecho da entrevista concedida por João Pimenta. Nas primeiras frases que trocamos, disse a ele que meu pai tinha sido um alfaiate. Com voz calma, ele retrucou que meu pai não gostaria dele. O que o estilista queria dizer era que um alfaiate clássico provavelmente não aprovaria o alfaiate que ele é, ou melhor, não aprovaria a alfaiataria que ele pratica.

[página oposta]
Anúncio Comme des
Garçons. Anos 1980.
© Divulgação.

De fato, determinados criadores contemporâneos que se valem da alfaiataria transgridem todo o tempo o que meu pai considerava — e seus pares consideram até hoje — como regras sagradas. No trabalho deles, é possível encontrar desde um terno bordado à mão e paletós fechados com zíperes até a suprema heresia de um calculado descaso com determinado acabamento. Da mesma forma que executam um terno em lã fria — adquirida de fornecedores tradicionais —, executam outro em neoprene. Ou em renda, vai saber. Para alcançar o que desejam não hesitarão em reinventar os recursos que aprenderam da alfaiataria clássica. Eles enxergam antigas técnicas como recursos móveis e, antes de se preocupar em subvertê-las simplesmente, irão manipulá-las, submetendo-as à sua intenção. Mais que iconoclastas, são transgressores espontâneos.

É nesse livre transitar entre técnicas clássicas e a experimentação desimpedida que a alfaiataria deles vai se alojar, para desespero dos tradicionalistas e provavelmente do meu pai. Essa forma de proceder, entretanto, não faz deles alfaiates indiferentes às técnicas tradicionais, nem significa que eles não as dominem. A reverência ao que a alfaiataria representa e oferece para a construção de roupas parece permanecer viva entre eles, embora não tomem seu conjunto de regras como estáticas e trabalhem forçando os limites delas todo o tempo.

Os motivos da insatisfação dos alfaiates clássicos com a alfaiataria industrial são conhecidos e bem fundamentados. A simplificação de processos, eles bem o sabem, nem sempre é inteligência produtiva e recorrentemente pode ser empobrecimento técnico. A banalização e exploração do termo alfaiataria, usado como selo de qualidade sem que haja distinção de valor entre o que é manual e industrial, são outros problemas agravados pela desproporcional concorrência que a indústria impõe a quem trabalha artesanalmente. Quando a insatisfação se dirige aos alfaiates contemporâneos, conforme eles estão caracterizados aqui essencialmente como experimentais, o quadro é mais complexo. O entendimento parece ser de que o cerne do conhecimento tradicional é atingido a cada pequena subversão promovida por eles. Nesse caso, a resistência toma forma de uma defesa contra os danos causados à integridade dos fundamentos técnicos por meio da sua relativização também do ponto de vista estético.

De uma perspectiva tradicional não há nada de admirável quando a superfície homogênea da alfaiataria clássica é maculada por um recorte em veludo vermelho ou por mangas confeccionadas em tecido de tapeçaria, por exemplo. Outras liberdades tomadas, como a inclusão de elementos considerados femininos na modelagem ou nos materiais, frequentes entre alguns criadores contemporâneos, deslocam o conflito para o terreno comportamental, criando outro ponto de resistência.

Apesar desses conflitos, essa alfaiataria de viés experimental tem revelado criadores consistentes em diferentes frentes de investigação. Seja confrontando tradição, promovendo a experimentação formal ou ainda explorando os intercâmbios de gênero, a alfaiataria contemporânea tem contribuído para manter as técnicas vivas e imprescindíveis para a criação contemporânea, além de garantir lugar para a alfaiataria no centro das atenções de uma nova geração. Isso sem desmerecer o conhecimento técnico ou relaxar padrões de qualidade, como temem os tradicionalistas.

O que este capítulo dedicado à alfaiataria contemporânea pretende é captar a potência criativa deflagrada no encontro entre uma sólida fundamentação técnica e algumas das questões mais inflamáveis da criação de roupas na atualidade, representadas por seis linhas de investigação. Ou, para nomeá-las apropriadamente, por seis táticas de guerrilha.

01. Como articular a destruição

* Efeitos dramáticos como esse são recorrentes nos desfiles e na comunicação da Commes des Garçons, marca conduzida pela fundadora e lendária diretora criativa Rei Kawakubo.

** Na década de 80, o Ocidente precisou encarar de frente a maneira dos japoneses conceberem roupas, ainda que essa maneira desestruturasse parte dos seus fundamentos mais arraigados.

A imagem em negativo que abre este capítulo assemelha-se a uma radiografia, efeito que potencializa o desmonte radical de um paletó. O impacto da imagem é ainda maior se aceitamos a interpretação de que ela registra a implosão de uma peça icônica da história da moda ocidental confeccionada pela alfaiataria. A alfaiataria, de fato, encerra um conjunto de significados tão associados à construção positivista da cultura no ocidente que, ao contrariá-los, uma qualidade perturbadora de energia é liberada. É o que acontece diante desse paletó de 1998 no qual as linhas de estruturação foram alteradas e as partes aparecem desordenadas*. Depois que Rei Kawakubo e outros criadores japoneses** abriram espaço para o desmonte formal e simbólico das regras da alfaiataria, essa força que vem da desconstrução tem funcionado como combustível em estado puro para a criação. Para muitos que vieram depois deles, a destruição passou a ser tomada como parte do vocabulário da moda, entendida ora como recurso visual assimilado ao longo de décadas de repetição, ora como poder de implodir os alicerces da noção de roupa como uma forma de organização, caso do norte-americano Shayne Oliver, na marca Hood By Air.

Hood by Air. Verão 2016.
© Agência Fotosite.

02. Como explorar a autorreferência

A massificação industrial da roupa e a capacidade de recriar a anatomia, modelando o corpo em escala e proporções surrealistas, estão entre os assuntos da alfaiataria praticada pelo americano Thom Browne. Na vertente contemporânea que ele representa, a história e o acervo técnico da alfaiatara não são implodidos, desmontados ou destruídos. A alfaiataria clássica permanece como matéria da criação, estimulando a reflexão e a invenção a partir dos seus fundamentos e tradições sem que seja necessário, no entanto, jogá-los por terra para produzir roupas e significados. Os próprios fundamentos técnicos é que serão utilizados para a prática dessa alfaiataria distópica e hiperconstruída, mediando questões como a submissão à uniformidade da roupa e do corpo na cultura atual. O que está em jogo é o domínio que a alfaiataria permite sobre a dimensão escultural e que o criador exerce e exibe orgulhosamente como um virtuoso. O brasileiro Jadson Ranieri, da nova geração de criadores, tomou essa direção na coleção inverno 2011, apresentada em desfile na São Paulo Fashion Week. Jason Wu é outro criador que manipula com destreza essa possibilidade.

Thom Browne. Inverno 2012.
© Agência Fotosite.

03. Como dosar ingredientes de gênero

Soa como redundância afirmar que essa é a mais evasiva das alfaiatarias. Afinal de contas, é da condição dela habitar as zonas de transição, estabelecendo pontes entre o masculino e o feminino, universos que na alfaiataria não se comunicam com fluidez. Nada que anule o explosivo resultado final, ou que não traga à memória o começo dessa relação antiga aprofundada pelo dandismo dois séculos atrás. Mas os tempos são outros. Diferentemente do passado, cada ingrediente dessa alfaiataria é percebido como um comentário sobre o lugar da sexualidade e um contraponto às normas que regem o que pertence a que ou a quem. Alexandre Herchcovitch é um expert em dosar esses ingredientes. O estilista Mario Queiroz realizou coleções femininas inteiramente apoiadas na alfaiataria. João Pimenta tem investigado os limites desse trânsito em rota constante de trabalho. Para ele, o gosto decorativo reacendendo o passado é um fornecedor de ingredientes. Quando ele se volta para o minimalismo, tecnologia e esportes de performance, entretanto, não há nenhum déficit de coerência na sua linha de investigação.

Alexandre Herchcovitch. Verão 2015. © Agência Fotosite.

103 CAPÍTULO 04 ⋯ ALFAIATARIA CONTEMPORÂNEA

04. Como fazer do terno um suporte

Aqueles que conceberam a alfaiataria como meio de garantir uma aparência social uniforme para o homem no século XIX, certamente, não poderiam prever esta condição que o terno assumiria no século XXI. Sem que necessariamente sejam introduzidas mudanças estruturais, o terno de corte limpo e execução clássica, em boa parte dos casos, sujeito apenas à variação de proporções, transforma-se em tela para receber imagens singulares.
A história da arte nos ensinou que não há limites para o que se pode representar sobre um fundo branco. Diferentemente da pintura, entretanto, na qual a tela é suporte neutro, o terno não é um pano de fundo passivo. Carrega com ele as implicações simbólicas das quais foi investido na sua trajetória de roupa burguesa, de roupa anódina ou erótica, de figurino de gênero, de representação de poder – e outras mais – para dentro dos lugares e situações em que ele é vestido e apresentado. Esta bagagem de sentidos permanece viva e interage com a violência do gesto expressionista na "pintura" que cobre o terno de Yohji Yamamoto.

Yohji Yamamoto. Verão 2016. © Agência Fotosite.

05. Como usar as armas do inimigo

O conforto e a praticidade da roupa casual, impulsionada pela produção em massa, fizeram da calça jeans ou bermuda + camiseta, da saia + blusa e do vestido de malha de linhas simplificadas os uniformes do século XXI. Diante da avassaladora facilidade com que esses artefatos são produzidos e nos vestem, negando a diversidade de experiência que a roupa pode oferecer, a experimentação formal estagnou, ficando limitada à função e à superfície desses formatos básicos. Essa simplificação técnica, que gradativamente impôs a informalidade como regra, condenando a alfaiataria a sobreviver em nichos, por outro lado, impulsionou a tecnologia têxtil e deu origem a um arsenal de soluções funcionais que passaram a abastecer a criação. A alfaiataria contemporânea tem se alimentado nessas fontes com apetite e eficácia crescentes. A tática, que desloca a percepção da alfaiataria como roupa exclusivamente protocolar e encontra substratos valiosos no ambiente da roupa casual, o faz, particularmente, no da roupa esportiva. Há mais convergências entre a roupa esportiva e a alfaiataria clássica do que se pode supor. A alfaiataria, é válido lembrar, evoluiu a partir de um esporte, a montaria, e, ao longo do tempo, são as tecnologias de performance que regem o amadurecimento tanto de uma quanto de outra.

Prada. Verão 2016.
© Agência Fotosite.

06. Como incorporar técnicas alienígenas

Uma estratégia adotada por alguns criadores consiste na adoção de procedimento artesanal estranho ao ambiente da alfaiataria, associado a ela como ingrediente capaz de produzir imagens e significados inesperados. A Commes des Garçons recorre a esse recurso. Recém-chegados à cena a alfaiataria brasileira, Daniel Larsan, de Brasília, e David Lee, do Ceará, também.

  Larsan inscreveu-se no concurso de novos talentos promovido pelo Dragão Fashion Brasil, edição 2016. Não levou o prêmio, mas ganhou as atenções realizando interferências precisas com silk screen e franjas aplicadas sobre bases tradicionais de alfaiataria. Não é parte do projeto dele apresentar um vocabulário extenso de experimentações e sim a formalização coerente de uma ideia singular. O cearense Lee acrescentou áreas em crochet aos paletós, jaquetas, calças e bermudas, peças que executa com habilidade inesperada para um criador ainda em formação. Ele exibe notável capacidade de articular um variado repertório de técnicas industriais e artesanais, formas e matérias-primas, imprimindo unidade ao conjunto com perfeitas associações entre as partes.

  Seria prematuro fazer previsões sobre o futuro desses criadores brasileiros, tanto quanto seria equivocado não reconhecer a pertinência do seu trabalho. Eles exemplificam com perfeição o caráter do interesse pela alfaiataria entre a novíssima geração, que é baseado no binômio base técnica + liberdade de investigação. Também é sintomaticamente saudável que venham de outras regiões, que não aquelas nas quais o mercado de moda se instalou e se desenvolveu inicialmente no País.

David Lee. DFB 2016.
© Roberta Braga / Silvia
Boriello / Ricardo K.

IESB DFB. 2016.
© Roberta Braga / Silvia
Boriello / Ricardo K

Comme des Garçons.
Inverno 2016.
© Agência Fotosite.

As entrevistas

Nenhuma pergunta pode prever qual resposta lhe será devolvida. Foi essa imprevisibilidade inerente que motivou a inclusão do formato da entrevista no conteúdo deste livro. Como portas franqueadas a uma multiplicidade de visões a respeito do assunto alfaiataria, as entrevistas reunidas aqui podem entregar a quem as lê um material em permanente movimento.

Se na origem elas estão sujeitas à experiência e à subjetividade do entrevistado, posteriormente ficam expostas às circunstâncias em que venham a ser lidas e com as quais possam ser confrontadas pelo leitor.

Algumas delas foram realizadas presencialmente e apresentam tom coloquial acentuado, além de maior fluidez na sequência dos pontos abordados. Outras foram feitas por e-mail, skype ou telefone. No caso destas, parti de um conjunto de questões e foram feitas adequações respeitando a atividade profissional de cada entrevistado, a exemplo de Kátia Costa que é professora. Circunstâncias particulares também formataram as perguntas no caso dos entrevistados que vivem e trabalham no exterior.

São múltiplas alfaiatarias que emergem dessas entrevistas/conversas. Elas apresentam a alfaiataria tradicional através do depoimento concedido pelos Mirkais. Descendentes de imigrantes europeus e representantes de uma linhagem de três gerações de alfaiates, eles tornaram-se observadores privilegiados acerca das transformações da alfaiataria clássica e do mercado dela no Brasil. A inglesa Kathryn Sargent, trabalhando em Londres, na histórica Saville Row, nos entrega uma visão técnica semelhante dentro de outro contexto.

As entrevistas trazem também depoimentos de criadores da cena da moda contemporânea brasileira. Sem envolvimento com a roupa masculina, eles estão voltados para uma mescla de procedimentos entre alfaiataria artesanal e a industrial aplicada à moda feminina. Walter Rodrigues, Giuliana Romano e Vitorino Campos integram esse grupo, seguidos por Jadson Ranieri, que desenha para homens e mulheres, e João Pimenta, que desenvolve coleções com foco no masculino em simultaneidade com a alfaiataria sob medida. Mário Queiróz já trabalhou com alfaiataria pronta e hoje opera apenas com a sob medida.

Compareçem ainda depoimentos de jovens alfaiates-empresários que, com maior ou menor domínio técnico da alfaiataria, conduzem negócios sustentados por ela e por inegável tino comercial. Bruno Collela e Maurício Placeres podem ser enquadrados nesse perfil. Outras mulheres que conquistaram protagonismo na cena assumindo a condição de alfaiates, como Phoebe Gormley (Inglaterra) e Barbara Santiago (Brasil), completam o grupo de entrevistados.

Desde o início, não se tratava de buscar pontos em comum entre esses profissionais, ao contrário. Para compor um painel aproximado das múltiplas abordagens práticas e dos entendimentos a respeito da alfaiataria na atualidade, era preciso reiterar a diversidade controversa que acrescentou o plural ao título do livro.

Espera-se desse conjunto de depoimentos que ele seja irregular, não conclusivo e aberto a interpretações. Atingida esta expectativa, ele estará mais perto daquilo que foi desde o início, proposto como uma radiografia. Não como um diagnóstico.

Mirkai

Alexandre Mirkai aprendeu as técnicas da profissão com o pai húngaro, que veio para São Paulo após a Primeira Guerra. Abriu seu ateliê em 1961, no Bairro Moema, onde permanece até hoje. Foi presidente da União dos Alfaiates e ajudou a implantar o Projeto Sob Medida, que ensina técnicas da alfaiataria. Seu filho, também Alexandre e também alfaiate, hoje trabalha junto com ele para preservar a arte da alfaiataria tradicional.

Alexandre Mirkai (pai)
e Alexandre Mirkai (filho).
São Paulo. © Chico Soll.

Entrevista concedida na
Alfaiataria Mirkai, SP,
março de 2016.

1 Eu gostaria de saber um pouco da história da família Mirkai.
Alexandre Mirkai (filho) · Meus quatro avós vieram da Hungria, depois da Primeira Guerra, quando a Hungria perdeu boa parte do seu território. Na década de 20, fizeram um acordo e, da noite para o dia estavam em um território em que não se podia falar húngaro, eram obrigados a estudar romeno, não podiam casar entre si, os comerciantes faziam discriminação... Aí eles saíram. Na verdade, foram trazidos.

2 O seu pai já veio da Hungria como um alfaiate?
Alexandre Mirkai (pai) · Não, ele aprendeu aqui.
A. M. (filho) · Nós não sabemos se, entre 1939 e 1942, ele trabalhava por conta, se montava peças, se era empregado.
A. M. (pai) · Era por conta. Ele aprendeu na Praça da República, com os alfaiates dali. Inclusive, ele pegava o bonde da Pompéia para o Centro, já descia lá.

A. M. (filho) · Ele morava na Pompéia. Em 1942, teve que sair. Naquela época, os alemães estavam ganhando a Segunda Guerra Mundial e ele ficou com medo da Alemanha continuar ganhando a guerra e vir bombardear São Paulo! Então ele foi morar bem longe do centro, lá perto do cemitério Vila Formosa, um pouquinho antes de Vila Santa Isabel. É de lá, essa foto aqui.*

3 Esta foi a primeira alfaiataria Mirkai?
A. M. (filho) · Sim. A gente desconfia que meu pai seja uma das criancinhas dentro do carro, mas não dá para identificar muito bem. Você pode ver que as fisionomias das pessoas não são nítidas, não dá para reconhecer quem é. Achamos que essa foto é de 1942.
A. M. (pai) · Não tem sarjeta, não tem calçada, não tem nada. Era rua de terra batida. A casa terminava na rua.

Primeira Alfaiataria Mirkai. 1942 circa. SP. © Alfaiataria Mirkai. Cortesia.

4 E o senhor aprendeu com ele desde cedo?
A. M. (filho) · Aprendi com ele. Tinha outros aprendizes também, e o lema naquele tempo, no meu bairro, era: "de manhã, vai à escola e, à tarde, aprende uma profissão". Nada de ficar na rua! Com 12 anos já estava na alfaiataria. Parei só 10 meses, enquanto servia o Exército, e voltei.
A. M. (filho) · Meu pai casou em 61 e veio morar no bairro, porque meus outros dois avós moravam aqui. Abriu a alfaiataria em setembro de 61, no Ibirapuera, e está no bairro desde então.

5 É uma história longa, a de vocês com a alfaiataria.
A. M. (filho) · É uma vida!

6 Eu vi que o senhor também tem um envolvimento com o projeto Sob Medida.
A. M. (pai) · Na verdade eu fiz uma revista chamada Sob Medida. Mas a revista parou. Ficou tudo nas minhas costas. Eu era presidente, na época, da AACESP (Associação dos Alfaiates e Camiseiros do Estado de São Paulo), que antes era União dos Alfaiates. Como estão acabando os alfaiates, para não morrer, vamos nos associar aos camiseiros!

7 O senhor acha que alfaiataria está mesmo acabando?
A. M. (pai) · Está.
A. M. (filho) · Está diminuindo drasticamente. É sinal de que não tem gente nova aprendendo. A alfaiataria tradicional, feita à mão, esta eu acho que está terminando. O que os estudantes de moda querem aprender vai mais para o lado da indústria, da produção em massa.

8 Não existe uma geração nova interessada em aprender a técnica para montar a própria alfaiataria?
A. M. (pai) · Eu fiz uma escola há 10 anos que formou bastante gente e ainda está ativa. O problema é que o pessoal aprende a riscar e a cortar a camisa em 15, 20 dias, faz uma, vai à casa de tecidos pega amostra e sai vendendo. E paga quem corta, paga quem monta. Vai entregar e faturar. A concorrência é desleal. Não pagam imposto, não pagam aluguel. Na época a escola foi anunciada assim: "Associação dos Alfaiates e Camiseiros formará profissionais para atender ao mercado de roupas sob encomenda". Mas o tiro saiu pela culatra. Não vi nenhum alfaiate como aluno. A turma aprende para ir para a indústria. Todo tipo de indústria. Quem está cuidando da escola é um professor do SENAI, mas ele está doente — é o professor Valério.

Alfaiataria Mirkai. 2016. SP. © Chico Soll.

Alexandre Mirkai (pai). 2016.
© Chico Soll.

9 **Entendo, mas montar uma escola e ensinar parece ser uma ideia muito boa.**
A. M. (pai) · A ideia de montar uma escola já existia há 70 anos. Em 2005 durante a minha gestão na Associação, eu comprei um andar inteiro na Avenida Ipiranga. Em um domingo, lendo jornal, vi uma sala indo para leilão; fui lá, olhei e gostei. Não era uma sala, eram 440 metros quadrados! Prédio bom, em uma esquina. Isso fez 10 anos no ano passado.

10 **Li uma matéria a respeito, que saiu no Jornal Estado de São Paulo.**
A. M. (pai) · Sim. Foi muito noticiado na imprensa. Na época nós também editamos um jornalzinho chamado Alinhavando a notícia. Depois desistimos, porque era caro e dava trabalho.

11 **Eu li uma frase na qual o senhor dizia que o alfaiate está desaparecendo porque ele trabalha muito calado, não faz propaganda, não aparece. No entanto o Sr. já falou a respeito de duas publicações.**
A. M. (pai) · É verdade, mas o alfaiate é mesmo muito fechado. Eu acho que deveríamos fazer propaganda não do alfaiate, mas da roupa sob medida. Pus essa ideia em votação na Associação, mas ela acabou morrendo.

12 **Mas a roupa sob medida sobrevive?**
A. M. (pai) · Sim, tem sempre quem goste. No meu arquivo, 95% dos clientes tem sobrenome estrangeiro. Se depender do brasileiro a cultura dessa roupa sumiria, ele quer usar jeans rasgado, camiseta, tatuagem no braço. Quando precisa de terno, vai a uma loja e vê a cor; se gostou, leva. Depois, vê que a manga está comprida, que não está bom. Aí já é tarde demais.

13 **Parece um consenso, entre os alfaiates, que são necessários no mínimo 5 anos para aprender todas as técnicas. O que vocês acham?**
A. M. (filho) · Na verdade levam uns 10 anos. Tem essa matéria aqui na revista Poder, da Joyce Pascowitch, que fala sobre roupas no casamento do Príncipe William. Comentam sobre a habilidade técnica do alfaiate da Savile Row. [Lendo] "Para se ter uma ideia, o treinamento de um de

seus alfaiates-mestres, aquele que é capaz de desenvolver todas as etapas da construção de um terno sozinho, leva cerca de 10 anos. Não é à toa que eles se orgulham de dizer que a formação para o ofício leva mais tempo que a de um médico". E, mesmo assim, depois aparece um detalhe diferente e o alfaiate tem que aprender ou reaprender alguma coisa. Por exemplo, meu pai já ficou de 12 a 15 anos sem fazer fraque. Aí, entre 2011 e 2012, precisou fazer três.

14 É possível dizer que os custos foram ficando altos da matéria prima à formação do profissional- e com isso o acesso à roupa sob medida ficou restrito?
A. M. (filho) · A parte de alfaiataria, de costume inglês, ficou mais voltada para quem tem poder aquisitivo alto, presidentes, vice-presidentes e diretores de empresas, executivos, juristas e para ocasiões como casamentos. Já a parte de camisaria, nem tanto. Como o preço é mais acessível, ela funciona para um público amplo. E a camisaria sob medida também tem seus segredos. Algumas pessoas não encontram a sua na oferta de camisas prontas. Já medi colarinho 59! Quase a cintura de uma moça! [Risos] Cada corpo é um corpo.

15 Como é o processo de trabalho aqui na Mirkai?
A. M. (filho) · Quando tiramos a medida, fazemos a prova em um gabarito. Normalmente, se faz uma primeira prova em um tecido como a microfibra, que é mais barata que o tecido de algodão. Aí entretelamos. Na primeira prova, ajustamos o molde, se precisar. Depois cortamos no tecido.

16 Quantas provas vocês fazem?
A. M. (filho) · Para o cliente novo, normalmente duas. Depois que temos o molde acertado e não tem variação de medida, pegamos, cortamos o tecido e montamos. Meu pai sempre falava: "Demora uma semana só para montar". O ideal são três meses para entregar, mas, hoje em dia, muita gente não quer esperar este tempo. Às vezes, em alguma ocasião especial, fazemos em 30 dias e ainda tem cliente que acha difícil aguardar.

17 A noção de tempo mudou bastante.
A. M. (filho) · Mudou, mas o trabalho bem feito exige o mesmo tempo de sempre. Os detalhes é que fazem a diferença. Fazemos o acolchoado à mão no feltrinho para mostrar o trabalho, realçar a linha. Também procuramos fazer em algodão, um tecido mais leve, para dar uma tropicalizada. Adaptar a técnica ao clima do Brasil é importante. Por exemplo, se pegarmos aquele tecido da Ermenegildo Zegna, o cool effect, cujo fio é tratado para refletir o raio infravermelho, não vai adiantar nada refletir o raio infravermelho se a gente colocar um feltro dentro! O terno não vai ficar mais fresco. O baixo de gola também não é feito em feltro, é no próprio tecido, feito à mão. Neste ponto, fica pronto para a segunda prova, e aí vemos se precisa ajustar. Depois que fazemos a segunda prova, vemos posição de braço e encaixamos, terminamos, fazemos o caseado aberto à mão, nas mangas.

18 A maioria das costuras é feita à mão?
A. M. (filho) · Sim, como nos bolsos franceses, tudo à mão. Não é costura de máquina. O ponto da máquina fica diferente. A indústria finge e o caseado é fechado. Alfaiate tradicional faz aberto! E dá trabalho para fazer nas duas mangas e na frente vai um bom tempo. Feito à mão, virando, fica perfeito. É outra coisa que está incluída naquelas 50 horas!

19 E a questão das entretelas? Já tive experiência com algumas que enrugam ou descolam.
A. M. (filho)   O que pode acontecer, o que a gente vê muito, são problemas de lavanderia. Uma senhora chegou aqui com um terno em tecido da Ermenegildo Zegna, querendo saber o que tinha

Alexandre Mirkai (pai). 2016.
© Chico Soll.

Alexandre Mirkai (filho). 2016.
© Chico Soll.

Ela insistiu que havia sido lavado a seco, mas com certeza haviam usado água no processo. Dependendo do tecido, nós podemos usar uma entretela colante, porque facilita o trabalho e é adequado àquele tecido, mas é para um trabalho mais corrido. [Mostrando uma peça] Olha, este tem colante. Você pega aqui e pode ver que está um pouco mais grosso do que aqui. Este trabalho é diferente, é para uniforme de piloto de avião, embora ainda feito sob medida, comporta fazer dessa forma. No caso a costura é à máquina, para agilizar a produção e chegar a preço um pouco menor.

20 Vejo que oferecem tecidos aqui na alfaiataria.
A. M. (filho) · Muito pouco. Há tecidos, mas para confecção nossa; tudo corte. Não vendemos tecidos. Aqui não tem nenhum terno pronto à venda. O que temos pronto são algumas camisas de numeração, gravatas e uma linha diferente, que fazemos para pilotos de avião. Na década de 70, as companhias aéreas ainda pagavam pela roupa sob medida. Depois começaram a entrar em crise, querer quantidade e menos qualidade – aí tem de comprar pronto.

21 Vocês são muito respeitados. Na mesma medida que diminuiu o número de alfaiates diminuiu o de clientes ou mantiveram uma clientela estável?
A. M. (filho) · Número de clientes, nós mantivemos. Mas, se comparar com a década de 70, a história é diferente. Meu pai começou em 1961, veio um cliente e fez um costume. Um mês depois, este cliente voltou porque a empresa dele estava precisando de uniformes. Meu pai disse a ele que não fazia uniforme – naquela época, a concepção de uniforme era macacão de mecânico, feito em jeans. Foi quando o cliente explicou: "Não! É um terno igual a este, só que preto e com faixas na manga". Na década de 70, este industrial chegava a encomendar 50 a 60 paletós por semana. E era tudo sob medida.
A. M. (pai) · Era como se fosse uma linha de produção, só que com a medida individual. Tirava a medida, cortava um por um.
A. M. filho · As roupas eram um pouco mais folgadas. Isso facilitava. E tinha mão de obra. Em São Carlos, trabalhavam 5 ou 6 alfaiates; em Itapólis, mais um tanto. Hoje em dia, não dá para dar para outra pessoa montar. Então, se comparar com aquela época, em termos de quantidade, diminuiu muito.

22 Queria lhes perguntar uma coisa. Quando era criança adorava roubar giz na alfaiataria do meu pai para desenhar. O giz continua o mesmo? Ainda é aquele giz triangular?
A. M. filho · Continua! E era do jeito que você falou. Já levei muita bronca por deixar o giz cair no

Detalhe. © Chico Sull.

Kathryn Sargent

Primeira headcutter mulher da história da Saville Row, na mais tradicional casa, a Gieves & Hawkes. Tendo alcançado tudo o que podia na Gieves, abriu seu próprio negócio. Praticante de rigorosa alfaiataria artesanal e instalada na Saville Row, ela desenvolveu tática de serviço personalizado trabalhando diretamente com o cliente e ouvindo o que ele deseja a fim de oferecer algo verdadeiramente singular.

Kathryn Sargent. Inglaterra.
© Reuben Paris.

Entrevista concedida por Skype, maio de 2016.

* Encarregada do corte.

1 Como foi seu primeiro contato com a alfaiataria? De onde veio seu interesse por ela?
Através do meu pai, que foi sempre muito elegante e em dia com a moda.

2 E como foi sua trajetória até agora?
Eu queria estudar moda, então me mudei para Londres e aproveitei o tempo estudando para a graduação. Decidi me especializar em moda masculina, em particular alfaiataria, e foi o que me levou à Saville Row.

3 Eu vi que, em 2009, você foi premiada como headcutter na Savile Row, é fato?
Sim, é verdade. Eu fui a primeira mulher a ser eleita melhor headcutter*.

4 O método com o qual você trabalha é exclusivamente baseado na alfaiataria clássica e artesanal ou você utiliza também métodos e técnicas industriais?
O processo é todo feito à mão – cortado à mão e costurado pelos meus dois alfaiates. Nós usamos métodos muito tradicionais para fazer as peças, mas os adaptamos constantemente às requisições modernas e aos estilos modernos. Eu tenho uma abordagem bem tradicional, no sentido de que minhas peças são feitas com a maior qualidade da alfaiataria personalizada, mas minha abordagem é menos estruturada. Fazemos um personalizado casual. Não tenho um estilo fixo da casa, trabalho mais com o indivíduo. Fazemos desde peças muito clássicas até peças bem elaboradas e divertidas.

Eu acredito que o ofício irá morrer se você envolver muito maquinário. Também penso que a alfaiataria de melhor qualidade é feita à mão e é importante usar as técnicas que foram passadas de geração a geração. Eu acho que a melhor forma é trabalhar com os clientes, realmente observá-los e trabalhar com a personalidade deles, e aplicar minha interpretação dos seus desejos e necessidades. Não é sobre parar na frente de uma máquina e ser fotografado e daí tomar mil medidas do corpo. É mais sobre a interpretação, o moldar e o cortar... É o que é, para mim, o mais alto nível da alfaiataria. Existe maquinário para fazer o serviço de medidas, mas eu não consigo acreditar que ele possa encapsular a abordagem ou o toque pessoal que a verdadeira alfaiataria feita à mão pode oferecer.

5 Na sua opinião, o que a alfaiataria representa para o cliente hoje em dia?

A alfaiataria é muito importante, mas se tornou menos rígida. Penso que é mais sobre como se pode adaptar a alfaiataria para fazer com que ela trabalhe a seu favor. Tenho clientes que só têm uma peça de alfaiataria, e fazem uso dela com muitas outras roupas diferentes, feitas ao estilo da alfaiataria. Tenho clientes que não têm uma peça de roupa que não seja alfaiataria. Tenho clientes que misturam alfaiataria no guarda-roupa. Depende do estilo individual, mas eu acho que com certeza ainda há uma demanda por alfaiataria personalizada.

Sempre acho que, quando se está vestindo um terno realmente bom – feito para você e que te serve perfeitamente – há algo imbatível sobre como ele te faz sentir. Nós sempre recebemos um retorno muito positivo dos nossos clientes, de que isso realmente faz diferença na forma como eles se comportam ou trabalham ou na forma como as pessoas lidam com eles. É a psicologia por trás, é muito interessante. Isso é muito relevante. Eu acredito que a forma como se usa um terno esteja se tornando menos rígida – é mais sobre adaptar isso ao seu estilo próprio.

Fachada Kathryn Sargent.
Savile Row. Londres.
© Jonathan HordleREX.

6 Historicamente, foi a alfaiataria inglesa que moldou a forma como nós fazemos alfaiataria no resto do mundo. Como você enxerga a influência britânica na alfaiataria contemporânea?

A família real costumava viajar por todo o mundo e as pessoas aspiravam ter aquelas belas vestimentas feitas à mão. A Savile Row é um destino global para pessoas de todos os lugares e de diferentes profissões, se elas quiserem a alfaiataria de melhor qualidade. A calça foi inventada na Savile Row, o terno foi inventado na Savile Row. E, ainda hoje, líderes mundiais e famílias reais vêm à Savile Row para ter o melhor e as pessoas ainda olham estas figuras e querem roupas de qualidade e costura similar. Então eu acho que ainda é muito relevante. E há pessoas mais jovens aparecendo como clientes e aprendizes. Penso que a alfaiataria inglesa é tão importante agora quanto era no passado.

7 Você mencionou pessoas jovens e a alfaiataria contemporânea. Que tipo de pessoa quer um terno feito à mão? Você acha que as pessoas estão mais interessadas em alfaiataria hoje do que no passado recente?

Não há algo como um cliente típico. As pessoas realmente apreciam a personalização, e que você faça algo especial para elas. Quando vêm à Savile Row, chegam até a mim depois de muitos anos de frustração com a baixa qualidade da roupa pronta, depois de muito não pensar, de usar roupas que só aceitavam em vez de algo especial e único, feito para elas. Mas, acima de tudo, todos adoram o ofício, apreciam usar as roupas, e o processo de ter algo feito, a interação. Quando você fica diante de uma peça de roupa que ainda está no plano e daí um alfaiate cria algo tridimensional, especialmente para você, é uma jornada na qual você se engaja. Você acompanhou o processo, esteve nas provas, disse como gostaria que a peça fosse em termos de design. Quando finalmente a veste, ela é parte da sua expressão, do seu gosto, das suas escolhas, da sua personalidade — não da minha. Por isso as pessoas vêm até a mim.

Eu não posso dizer que há um cliente típico. Há muitas pessoas de diferentes contextos e é isso o que torna tudo tão interessante. Eu gosto de pessoas, então eu realmente gosto desse elemento de personalização.

8 Como você vê a importância da alfaiataria personalizada no futuro da moda?

Eu acho que a moda é uma coisa, e a alfaiataria é mais um investimento, então é eterno. Moda e tendência são coisas bem diferentes. Eu costumo aconselhar meus clientes para não fazerem nada que seja muito norteado por tendências, porque estilos mudam muito rápido, então você realmente tem que pensar sobre o seu estilo pessoal.

Muitas pessoas misturam peças mais modernas com alfaiataria clássica; é algo que elas fazem, especialmente as mulheres. Não posso dizer que isso é sobre o ofício de alfaiataria ou sobre moda, é mais sobre tendências e estilo. É uma coisa que acontece muito mais rápido em termos do que está em voga e do que não está. Quando você faz alfaiataria à mão, você não quer apenas seguir as tendências da moda. Você até pode usar isso como um elemento, mas, no final das contas, a alfaiataria, e particularmente a alfaiataria da Savile Row, está aí há mais de duzentos anos, e existe uma razão para isso. Ela se adapta, ela tem longevidade e as peças não são como as do fast fashion. Seguir a moda, ser totalmente absorvido por ela, é algo que você pode fazer, principalmente quando se é jovem e se está experimentando. Mas a maioria dos clientes vem à Savile Row porque ela representa quase uma anti-moda.

9 Você pode falar sobre a sua experiência com a alfaiataria para mulheres?

Eu trabalho com várias mulheres de diferentes profissões, e acho que as mulheres me procuram porque elas querem ter a mesma qualidade que vinha sendo destinada aos homens por muitos anos. Fiz muitas peças clássicas para mulheres profissionais, o casaco perfeito, o blazer perfeito, o terno perfeito. A escolha dos tecidos é uma parte adorável do processo. As mulheres realmente aproveitam a experiência e o elemento de personalização também. Eu adoro usar ternos, calças, saias. E é algo que traz uma curiosidade – muitos dos meus clientes me perguntam quem faz meus ternos, e eu digo: "eu faço!", e eles reagem: "você faria uma jaqueta para a minha namorada?" ou "minha esposa?". Isso saiu um pouco do guarda-roupa masculino e agora a Savile Row tem uma oferta muito balanceada de alfaiataria masculina e feminina. Eu não digo particularmente que sou uma alfaiate só para homens ou só para mulheres: eu costuro para ambos os sexos.

10 O que você pensa de mulheres trabalhando como alfaiates quando a maior parte da mão de obra na alfaiataria são homens?

Eu acho que mulheres são alfaiates competentes. Elas podem ser exatamente o mesmo que os homens em termos de qualidade de trabalho. Conheço um número realmente saudável de mulheres na indústria de alfaiataria, que trabalham como cortadoras e como alfaiates.

11 Quanto tempo você acha que leva para alguém aprender sobre técnicas de alfaiataria? E qual a melhor forma de aprender?

A melhor forma de aprender é praticar e também observar alguém que seja um mestre. O cenário ideal seria aprender no sistema de estágio. É bom ter alguma bagagem universitária, mas realmente entrar em um negócio de alfaiataria como aprendiz é o melhor jeito de aprender, porque você está efetivamente trabalhando em trajes reais. Você pode se dedicar muito a isso, investir muito do seu tempo e prática. E prática leva à perfeição. A maioria dos estágios levaria em torno de quatro ou cinco anos como coatmaker, trousemaker** ou cortador. A melhor forma de aprender é aprender de alguém que já tenha trabalhado como você está trabalhando, como alfaiates, e eles podem te ensinar se você for sortudo o suficiente para fazer esse contato, ou se você puder cultivar uma relação com alguém que pode treinar você. Essa é a melhor forma. Mas eu também penso que há muitas fontes diferentes por aí; falando por mim, eu tento ler tanto quanto eu puder e praticar tanto quanto eu puder. Estou sempre tentando melhorar minhas habilidades.

[página oposta]
Interior Kathryn Sargent
Savile Row. Londres.
© Jonathan Hordle.

[à direita]
Interior Kathryn Sargent
Savile Row. Londres.
© Jonathan Hordle.

** Profissionais capacitados a fazer o paletó e a calça.

12 Você acha que as técnicas de alfaiataria e todo o conhecimento agregado sobre isso ao longo dos séculos deveria ser preservado? E você já pensou sobre como isso pode ser feito?

A maioria das companhias tem acervos e ensinará as coisas no dia a dia conforme trabalham, dentro do seu funcionamento. Mas, sim, você poderia documentar todo o trabalho que você está fazendo em diferentes passos no processo. Há pessoas no YouTube dizendo "é assim que se coloca uma manga" e "é assim que se faz isso". Mas existe um elemento de respeito e treinamento envolvido que torna melhor aprender de alguém mostrando a você pessoalmente em vez de assistindo a um vídeo no YouTube. Acho que você perderia muitos aspectos importantes. E há pessoas distorcendo fatos e se intitulando alfaiates, quando não são. Você tem que realmente ter certeza de que a informação que você está acessando é fidedigna.

Mas, sim, registrar como fazemos as coisas, nossa costura... Eu acho que a maioria das companhias tem acervos e coleções de peças que foram feitas historicamente, que estão preservadas junto às companhias e alguns museus em Londres. Você pode mesmo ir e observar essas peças e ver como elas foram costuradas. E você pode aprender muito com isso.

13 Acredita que a alfaiataria masculina orientou os avanços da roupa ao longo da história, inclusive da roupa feminina?

Acho que é verdade, porque historicamente a alfaiataria e os estilos femininos se originaram da visão masculina do terno e dos aspectos da alfaiataria. Eu concordo historicamente. Mas a roupa masculina agora, interessantemente, está se tornando mais influenciada por elementos da moda também. Então acho que as duas se influenciam, não necessariamente a moda masculina sobre a moda feminina.

[página oposta]
Paletó em processo. Kathryn Sargent. Savile Row. Londres
© Reuben Paris.

[à direita]
Kathryn Sargent cortando tecido. Savile Row. Londres.
© Reuben Paris.

14 O que significa para você ser a primeira mulher na Savile Row?

É realmente uma ambição que tive por muito tempo, ter meu próprio negócio e também estar na Savile Row. O fato de que eu sou uma mulher é acidental. O fato de que eu penso que sou uma boa alfaiate e de que eu gosto do que eu faço, e de que eu quero ser parte da história e encorajar outros jovens e clientes a entrarem neste maravilhoso ofício e na história da rua… Se eu puder fazer o meu melhor para promover o que nós fazemos e ser relevante para o meu cliente de hoje… Isso tem sido uma ambição de muito tempo, talvez.

Todos fazem um grande alarde sobre o fato de que eu sou mulher, mas, na realidade, eu estive nesta rua com meus colegas, fui treinada nesta rua, vinha trabalhar todos os dias por quinze anos no número 01 da Savile Row. Então é como estar em casa para mim, não é como se eu tivesse saído do nada e aberto este lugar.

Os alfaiates aqui me conhecem. Eu fui muito bem recebida. A rede para mim é muito importante. Você não pode simplesmente decidir ser um alfaiate da noite para o dia e fazer isso. É necessário um treinamento longo para chegar lá. Então, para mim, é uma combinação disso, e também de que era o próximo passo na minha carreira de forma a levá-la adiante.

João Pimenta

Mineiro de São João do Paraíso, João Pimenta é autodidata. Aos 18 anos, partiu para São Paulo atrás do sonho de ser estilista. Sua grife foi criada em 2003. Nas coleções masculinas, João flerta com o guarda-roupa feminino e com o sem gênero, combinando criatividade e inovação conceitual com as técnicas de tecelagem e acabamentos impecáveis da alfaiataria.

João Pimenta. São Paulo
© Chico Soll.

Entrevista concedida em seu atelier, SP, março de 2016.

1 Como foi que você se interessou pela alfaiataria?

Quando comecei a fazer streetwear, abri uma loja e desenvolvia peças com malhas, moletons, mas sempre apaixonado pela roupa bem cortada. Precisei mudar porque o prédio ia ser demolido. Fui para um lugar fechado que não dava para ter uma loja voltada para a rua, como antes, mas que tinha tudo a ver com o trabalho sob medida. Não era um ponto tão comercial, então, meio que forçadamente, me pareceu coerente mudar o foco. Como já tinha paixão por alfaiataria, pensei que aquele seria um bom momento de tentar entender aquela roupa.

Não gosto da palavra autodidata, mas eu não estudei nada de moda, de modelagem, nada acadêmico. Comecei a pegar roupas que gostava, que achava interessante e desmontar e remontar novamente até entender o porquê. Ficava dias olhando e tentando entender o que aquele negócio estava fazendo ali. Tive envolvimento com alguns alfaiates nessa época, contratei um e com ele aprendi a riscar direto no tecido. Mas eu queria mais do que era oferecido na base clássica. Meu cliente gosta desse diferencial, ou ele vai estar no tecido, ou no corte, ou no recorte, em algum lugar. Trabalhando junto com alfaiates, vi que eles tinham uma resistência grande a estas coisas. E com razão, porque misturar couro com lã fria, como eu queria, devia parecer uma insanidade! Quando comecei a mexer muito na alfaiataria, senti que estava sem parceiros para desenvolver.

2 A alfaiataria clássica não tem muita tolerância com a experimentação.

Eu sinto que os alfaiates tradicionais não querem se envolver nestas experiências. Entendo que eles discordem de tudo isso que aconteceu com a alfaiataria, a industrialização, a exploração do termo.

Aqui a gente faz muito trabalho de manufatura, bordados, tecidos em tear. Eu acredito nessa história de tempo que você leva para fazer o produto, porque você vai entregando uma energia. A pessoa que compra uma roupa feita com trabalho escravo está levando uma maldição para casa. [Risos] Alguém trabalhou com ódio naquela roupa e você vai usar querendo se sentir bem? Eu acredito na liberdade de fazer com tempo, de fazer com calma e devagar. Foi por isso que comecei a fazer eu mesmo, junto com as minhas costureiras.

3 Você trabalha com homens e mulheres?

Trabalhei com um menino por um período, depois entrou outro. Hoje a gente só tem dois. No mais, são mulheres. Começamos a fazer a roupa no corpo da pessoa, e foi quando eu comecei realmente a entender o porquê da alfaiataria, o que ela poderia fazer. Como ela iguala tronco com perna, como você consegue tirar um ombro caído, disfarçar uma corcunda. Sofri muito no começo. Fui criando um laboratório muito particular e achava que a minha forma não era a forma correta.

4 Você está dizendo que tinha um sentimento de culpa em relação à alfaiataria tradicional?
Exatamente isso: um sentimento de culpa e também uma autoestima baixa em relação ao meu produto. Aprendi sozinho, então parecia que eu não estava sendo honesto com o trabalho.

5 Isso é um rigor pessoal. Na realidade, você estava apenas sendo contemporâneo, no sentido de ter liberdade de se apropriar de algo.
É. Mais para frente, eu descobri que não existe uma técnica que todo mundo segue. Cada alfaiate cria a sua. Cada um acha uma forma de fazer, de forrar, de colocar manga, de colocar forro. Não existe o que está certo ou está errado.

6 Você diria que alfaiate desenvolve determinadas técnicas e fica como proprietário delas?
Sim. E isso é bom, tem o charme. Mas foi o que fez com que a alfaiataria parasse no tempo. Hoje acho que estamos vivendo um momento tão legal! Como aconteceu com a barbearia, que foi resgatada, e todo mundo entendeu e quer ela de volta. Os homens estão buscando o que eles foram perdendo com o tempo. Acho que a alfaiataria é o próximo item a ser retomado, embora já não existam muitos alfaiates aí para fazer. [Risos]

7 Essas histórias de que o homem não quer, não sabe, ou de que a alfaiataria é igual o tempo todo são mitos?
Assim como a frase "é a mulher que define a roupa para o homem". Outra mentira! No sob medida, o que mais faço é casamento para tarde e manhã. Uso tecidos naturais, como o linho, que trabalho com mais facilidade e que os meninos não acham em loja. Achar uma roupa bem cortada, preta ou marinho para usar à noite é mais fácil que encontrar um terno de linho ou de alguma cor diferenciada. O maior nicho de cliente que tenho é desse menino que casa durante o dia. Quando o casal chega aqui, é muito engraçado. Ela começa dizendo como vai ser, que imagina ele assim ou assado. Fico ouvindo e sabendo que ele só está esperando a hora de entrar. Quando direciono alguma pergunta como: "Você pensou na cor do forro da sua roupa?" ou dou uma abertura para que ele fale, ele passa por cima e deixa claro que sabe tudo que quer. "Não gosto de ombro grande, quero slim, não gosto de forro sintético." Eles sabem tudo.

8 É você que faz as provas?
Sim, sou eu que faço. Tenho uma modelagem, alguns tamanhos básicos. Para tirar medidas, tento localizar, no corpo da pessoa, mais ou menos o tamanho que ela usa. Com essas bases, eu tiro a medida e retrabalho a modelagem em cima do corpo de cada um. Aí eu faço no algodão cru e faço uma modelagem no corpo do cliente, o algodão cru, já com um pouco de cavalinha, com estrutura de ombro para ele sentir se gosta dos volumes ou não. Aí ajusto tudo no corpo, levo aquilo para a mesa, desmonto, linko no molde e corto no tecido.

Detalhe. © Chico Soll.

Detalhe. © Chico Soll.

9 Sempre me impressiona como a construção é elaborada na alfaiataria.

É verdade. Na execução tenho dois alfaiates, dois meninos e uma cortadeira que corta de tudo, corta também os ternos. Ela é incrível em questão de fio, de encaixe de listras, de xadrez. É perfeita. O ombro e a cava, a melhor forma de chegar é direto no corpo. Com os riscos, já sai tudo no lugar. A cava, eu também costumo acertar no corpo. Chego com aquele tesourão debaixo do braço. [Risos] Uma coisa que você estava falando e que eu acho muito legal é essa coisa da intimidade. Eu sou muito tímido. No começo, quando comecei a fazer esse trabalho sob medida, tinha uma dificuldade grande de tocar no cliente. Geralmente, os homens também são tímidos. Se você está dentro de uma alfaiataria tradicional, tudo já é conduzido de uma determinada forma. Aqui não. Já somos um pouco mais arrojados. Então, com o tempo, fui perdendo isso e descobri que é a mesma coisa que ir ao médico, porque eu preciso entender como o corpo do cliente é. Existe essa necessidade. É desconfortável quando o cliente vai fazer prova e traz um monte de gente junto. O ritual se perde. Aquela coisa de ficar se olhando no espelho, de medir com calma, discutir junto, isso se perde, pois o momento é mesmo bem parecido com uma consulta.

10 Esta noção de fazer a roupa como um ato sensível desaparece na indústria.

Uma coisa que a alfaiataria tem que as outras roupas não têm é a afetividade. Ela é mais do que uma segunda pele. Quando as pessoas usam roupas que não são alfaiataria, elas agem daquele jeito "tira e joga pra lá". Ninguém faz isso com um paletó. Existe um respeito, é outro lugar. Mesmo o menino, um cliente jovem, pergunta: "Meu, como eu carrego?", "Eu vou viajar com a roupa, como transporto?". É muito bacana esse respeito que as pessoas têm com a alfaiataria.

11 É como se a alfaiataria tirasse a roupa da zona da banalidade?

É. Talvez porque ela não seja tão fácil de fazer, por não ser uma roupa barata. Isso tudo acho que soma, e a pessoa sabe que naquela peça é o corpo dela que está desenhado. Quando a gente faz uma modelagem no corpo e depois aquilo é retirado, é o seu corpo que está ali!

12 Algo que você faz é tirar essa técnica clássica do lugar dela e transformá-la em uma forma de transgressão. E isso é muito curioso, porque você faz isso tanto com gênero quanto com a própria técnica da alfaiataria.

Quando eu fui para o SPFW, eu já estava fazendo paletós. Eu acho que as pessoas desvalorizam muito o mercado de moda masculino; em todos os sentidos, a indústria, os próprios estilistas subestimam. Parece que as pessoas não querem enxergar. E é uma tolice muito grande. Para mim, é o melhor mercado que existe, é o melhor cliente que existe, é o que consome com uma responsabilidade maior.

Uso os meus desfiles com uma forma de linguagem para discutir isso. Quando coloco quadril em um casaco masculino ou um decote redondo, que é de mulher, não imagino que eu vá vender aquilo, que as pessoas vão usar aquilo. Mas imagino que sirva de gancho para discutir essa roupa.

Na primeira vez em que estive em um museu de moda, quando vi as roupas masculinas, eu parecia um idiota! Sentei no banco e fiquei chorando, querendo saber quando foi que a roupa do homem perdera tudo aquilo. A roupa masculina hoje é tão industrial, tão quadrada, não tem dimensão nenhuma. Quando vi que nas roupas antigas o braço era curvado, que existia caixa torácica, fiquei muito impressionado. A roupa masculina virou um chapado, como se o homem não tivesse volume ou curva nenhuma.

Quando apresento uma coleção, vejo uma possibilidade de causar um desconforto aí. Quando coloco um quadril enorme na roupa, não é porque eu acho que o homem quer ter um quadril gigante e passar por ridículo, mas porque eu me pergunto por que a roupa do homem não tem anatomia. Por um período grande, eu usei os desfiles para isso: para tentar criar uma discussão em cima dessa roupa. E percebi que é muito lento, que as mudanças acontecem muito devagar. Hoje, como as coisas foram por outro caminho nessa questão de como se sustentar e como sustentar uma empresa, tenho que segurar a mão, e meus desfiles vão ficando cada vez mais comerciais.

13   Seu último desfile poderia ser encaixado nessa vertente comercial que você citou, mas vejo ali a mesma provocação, apenas sem o decorativo, usando outras referências.

Sim. Para a próxima coleção, comecei um trabalho em cima de uniformes, que é uma coisa que acredito que tenha uma função de não-gênero muito forte. Comecei a buscar onde o não-gênero e comum, onde o homem e a mulher usam a mesma roupa e estou fazendo um trabalho em cima disso. Como comecei a trabalhar vários tipos de uniforme, não teve jeito, fui para a alfaiataria de novo. O que é mais lindo é que a alfaiataria de uniforme é incrível! Tem o de gala, o militar... Comecei a imaginar que uma mistura dessa roupa com streetwear, com jeans e camisa, pode ficar muito bonito.

14   O terno tem uns duzentos e tantos anos de história. Será que ele sobrevive no futuro?

Acho que para sempre. Mesmo tradicional. A lapela que afina, o bolso que muda um pouquinho... Tem o desejo por essa roupa sem muita inovação. E tem a questão de não-gênero que acredito que vá ser o futuro das roupas. E as soluções só podem vir do masculino, não tem como vir do feminino. Cor, tecido, modelagem, tudo vai vir do homem para construir essa roupa do futuro. E acho que vai ser da alfaiataria. Me parece muito lógico. Eu tenho certeza disso.

15   Diante dessa banalização extremada do *fast fashion* e da roupa industrial, acha que o valor da roupa especial, feita sob medida, pode aumentar?

Eu tenho certeza disso. O *fast fashion* é só mais um poluente para o planeta – você consome e joga no lixo. Na hora em que as pessoas começarem a perceber isso, vão desejar roupas que não dá para dispensar tão rápido. E uma roupa que você use por mais tempo tem que ter qualidade. Acredito que não vamos mais consumir desse jeito, jogando fora e comprando outra.

16   De onde mais você busca referências?

Sempre trabalhei com os contrapontos, o que, para mim, é fundamental. Masculino e feminino, pobre e rico, clássico e transgressor, contemporâneo e vintage. O vintage não desgruda de mim de jeito nenhum, já tentei de tudo para me livrar dele, mas tenho paixão! Toda vez que vou pesquisar, na hora que vejo, já botei o vintage no meu tema. Porque é quando as roupas eram bonitas não é? Quando eram bem feitas. Eu acho que a moda foi só perdendo no processo. Perdeu anatomia, perdeu os tecidos.

Ter ido para a alfaiataria me ajudou. Eu tenho muito para aprender, mas investigo demais. Às vezes quando falo: "Eu não estudei", escuto como resposta: "Como assim? Você estuda dia e noite". É outro tipo de estudo. Participo de algumas bancas de faculdades de moda e saio deprimido! São três ou quatro anos e, ao final, o aluno não sabe nem trabalhar o tecido. E ele investiu tanto dinheiro pra isso! É bem complicado.

17   O que mais você gostaria de dizer sobre a alfaiataria?

Me envolvi com alfaiataria e me senti protegido. Não sei ainda o tanto que eu queria saber, mas nunca tive algum cliente que saísse insatisfeito. Eu amo o trabalho e vou fazer de tudo para que ele chegue onde tem que chegar. Alfaiataria é um escudo gigantesco que eu tenho. Me protege da banalidade, da mistura. Não quero desconstruir, quero construir! Hoje tem essa pegada de malhas e as pessoas fazem uma ponta pra um lado, e isso é moda. Eu gosto de fazer ombro, dar uma curva na manga. Me sinto seguro. É tão bacana quando acontece a magia! Eu tive um cliente que se casou, era um cara muito grande, alto e curvado. Fizemos recortes e colocamos riscas do pó nas laterais do paletó. Nas costas fizemos um recorte redondo e as listras indo para a cintura, morrendo em escamas de peixe. Um paletó todo recortado. Quando ele vestiu, ele falou:

Detalhe. © Chico Soll.

Chico Soll.

"Nossa, como eu estou elegante!". Quando isso acontece é mágico.
Eu já achei que era um blefe tentar fazer alfaiataria sem estudar alfaiataria. Agora, eu acho bacana contar esse processo. A alfaiataria parece um universo muito distante e fechado porque os alfaiates fazem assim! Eles fecham mesmo. É como eles se protegem e protegem a alfaiataria. Mas quem realmente tem interesse invade esse espaço. Tem acesso. Alfaiataria é para todos. Tem que desmistificar.

18 Errar é importante?

Eu faço bastante coisa errada! [Risos] Quem vier aprender comigo aprenderia certo

João Pimenta. Verão 2013.
© Agência Fotosite.

Bruno Colella

Bruno Colella é formado em Hotelaria, mas deixou as áreas de Turismo e Comércio Exterior para empreender no ramo das roupas sob medida. A tradição é de família: seu avô, o alfaiate italiano Nicola Colella, foi dono de uma fábrica de roupas em São Paulo por 50 anos. Decidido a manter a tradição do avô e a trabalhar no que realmente gosta, Bruno fundou a BRNC Alfaiataria Contemporânea.

Bruno Colella. São Paulo. © Chico Soll.

Entrevista concedida na Alfaiataria BRNC, SP, março de 2016.

1 Como foi sua aproximação com a alfaiataria?
Sou neto de alfaiate e filho de comerciante. Vim do comércio exterior, mas trabalho vestindo amigos, involuntariamente, desde os meus 15 anos.

2 Você se considera um alfaiate?
Não. Não sou alfaiate. Não gosto quando publicam que eu sou alfaiate. Para mim, a pessoa que se diz alfaiate – que só sabe fazer prova e ver onde tem que mexer na roupa – está mais para um estilista. E ainda acho que, mesmo para chegar a ser um estilista, falta certo background.
Na minha concepção, o alfaiate é quem olha para você, tira suas medidas, faz uma base de modelagem, traça esta base, risca, corta, costura, prova, passa e entrega. Esse, para mim, é o verdadeiro alfaiate. O artesão.
Acho que a imagem do alfaiate, hoje, está meio denegrida por conta do surgimento desta nova alfaiataria mais, digamos, moderna.

3 Preservar a imagem da alfaiataria clássica foi importante para o seu negócio?
Sim. Não tem jeito, você acaba trazendo isso à tona, envolvendo o cliente no ambiente de produção. Era uma ideia que eu sempre tive e consegui realizar aqui, na BRNC.
Eu sou um cara que cresceu no meio deste ambiente de alfaiataria. Infelizmente, perdi o timing do meu avô, de aprender esse processo com ele na íntegra. Acabei me formando em hotelaria. Eu tinha um projeto de negócios focado no turismo. Depois, fiquei cinco anos trabalhando no comércio exterior. Foi aí que me dei conta que, depois de toda essa volta gigantesca, parei onde eu deveria ter iniciado, lá atrás! Deveria ter ficado do lado do meu avô desde o início, aprendendo com ele. Como não aprendi o ofício diretamente, dei o meu jeito de trabalhar com isso, que é o que eu gosto. Montei uma alfaiataria sozinho.

4 Parte do pessoal da BRNC trabalhou com o seu avô?
Sim, todo mundo que está aqui! Tenho profissionais que trabalharam com ele durante muitos anos. Quando dizem que eu sou alfaiate é porque, muitas vezes, as pessoas não

sabem até onde vai uma coisa ou outra e acabam publicando isso. Eu nem julgo a imprensa, mas bastaria a pessoa querer saber a fundo o que significa a palavra alfaiate para não cometer este erro.

5 O que também é interessante nessa história é que o seu avô passou para a roupa industrial e por muitos anos teve uma grande marca, a Colella.
Minha família é italiana. Meu avô começou a alfaiataria com mais dois ou três. Um dia, falou para o pai dele que gostaria de ter uma fábrica, que queria industrializar o processo da alfaiataria. O pai dele disse que ele estava louco, que iria quebrar a cara! Enfim, ele ficou cinquenta anos no mercado, com a fábrica. Depois, ela fechou. Como ele cuidava da parte da produção, o sócio dele era o financeiro e errou bastante. É uma pena, era para a fábrica estar aberta até hoje.

6 Ter uma história como a do seu avô por detrás contribui para ao seu negócio?
A fábrica do meu avô sempre foi muito conhecida pelos pais e avós dos meus amigos. Eu cresci ouvindo: "Meu pai casou com o terno do teu avô!". Desde as festas de quinze anos, eu falava: "Vamos lá para a fábrica, a gente pega uns ternos lá!". Chegava com meus amigos e começava a vestir o pessoal. Isso, independente das áreas de atuação profissional pelas quais eu passei, eu nunca parei de fazer, porque era um prazer! Então, às vezes, se um amigo meu me dizia que precisava de um terno, eu pedia que passasse no meu escritório na hora do almoço e o ajudava a se vestir. Acabava dando uma consultoria informal.
Foi algo que começou muito naturalmente. Colou em mim. Eu fazia de coração, nunca cobrei. Fazia porque a fábrica tinha uma ponta de estoque e porque eu gostava daquele ambiente da fábrica, de estar lá. Então era uma maneira de vivenciar aquilo, já que eu não trabalhava lá dentro, e de poder ajudar amigos que não tinham informação para se vestir para determinados eventos ou escolher a roupa correta.

7 Com este histórico, você poderia ter optado pela alfaiataria industrial. No entanto, você optou pela alfaiataria artesanal como negócio. Em que baseou esta escolha?
O mercado masculino é um mercado emergente. Como modelo de negócios, primeiramente, escolhi porque é o que eu queria fazer da minha vida, é o que eu gosto de fazer – pelo menos hoje! Eu acordo e durmo para isso. É fundamental buscar aquilo pelo que você tem amor.
Segundo, pela história familiar que iria acabar, iria parar em mim, porque tenho duas irmãs que não trabalham com isso. Tive que decidir dar continuidade a esta história. Apesar de a BRNC não carregar o nome Colella, existe essa ligação com a história do meu avô. Então isso também impacta muito. O significado de eu trabalhar com isso é uma tentativa de resgatar a tradição que temos e que poucos profissionais têm aqui no Brasil, da Itália, do alfaiato italiano.
Eu achei que era um bom negócio porque eu realmente entendi que era o que eu queria fazer! Tinha a ver com a minha essência. Trabalhei com hotelaria, turismo, comércio exterior, mas queria mesmo é trabalhar com moda. Meu pai trabalhou com isso, meu avô trabalhou com isso. Eu tinha essa certeza dentro de mim a vida inteira, mas não fui capaz de colocar em prática desde a adolescência, talvez por vivenciar várias experiências e até por ter condições financeiras para poder buscar outras coisas que não fossem totalmente ligadas à minha família.
Como negócio, o mercado masculino de moda no Brasil é extremamente carola e carente. O homem ficou um bom tempo perdido, sem conseguir se apegar a referências. Era necessário olhar para fora, mas nem todo mundo tem essa condição de ter esse olhar mirado na Itália,

© Chico Soll.

na Inglaterra, conseguir processar, digerir e descobrir um destino próprio para poder se adequar. Há dez anos, existiam preconceitos ridículos com o vestuário masculino, o que vem melhorando, mas ainda existe e eu mesmo enfrento. Às vezes, saio de terno em um dia normal, e as pessoas falam: "Nossa, como você está chique". Existe esse tipo de leitura. O cara que está do teu lado pode começar a se sentir mal, porque se sente mal vestido naquela cena.

Tem toda essa parte de evolução cultural na moda masculina, que também venho acompanhando e penso que, a passos curtos, estamos evoluindo.

8 Na questão da técnica, você tem uma ideia de quanto tempo leva para uma pessoa aprender alfaiataria?

A alfaiataria é uma coisa que você não para de aprender. Tem um alfaiate de 83 anos, que trabalha comigo, e ele fala isso. Ele trabalhou com meu avô por 10, 15 anos, e meu avô falava isso também. A técnica de alfaiataria – e por isso temos escassez de mão de obra – é algo que exige tempo, prática, dedicação e entrega para que você possa aprender o ofício. O tempo vai depender do profissional, da dedicação de cada um. Na minha história, ainda estou aprendendo com a roupa. Para fazer o que eu faço, leva pelo menos uns 10 anos para você começar a ter segurança. Agora, para se tornar alfaiate, de 10 anos para a frente, pelo menos.

9 Qual é o seu papel aqui na BRNC?

Meu trabalho aqui na empresa envolve o administrativo, o comercial, o controle de qualidade e o estilo de produto. Dou uma consultoria para os clientes – vou até a parte de entender a necessidade e a personalidade de cada um para poder oferecer aquilo que eu sei que ele vai usar sem medo de errar. Esse é o meu papel. Então eu entro no começo do processo – tirar as medidas, ajudar a escolher o tecido no meio e no final. Só que, entre estes processos, tem um gap, que é onde entra o alfaiate, onde entra a modelista, onde entra a costureira. Existe essa conversa entre nós.

Às vezes, chamo uma reunião para falar de um cliente específico. Falo: "Este é um cliente que tem o ombro mais caído que o outro, porque jogou tênis profissional a vida inteira, tem a escápula de um lado mais desenvolvida que a outra, então tem que ter um pouco mais de tecido de um lado do que do outro, porque realmente tem essa diferença no corpo..." Este tipo de experiência, de você observar a anatomia humana, leva tempo. E esse é o meu papel: ter um olho estético geral, diferente do alfaiate. As funções aqui são distribuídas; é uma alfaiataria um pouco mais atualizada, com cara de produção. É um mix entre uma alfaiataria artesanal e uma alfaiataria já mais no ritmo de produção.

10 Você detecta um crescimento na demanda de serviços de alfaiataria sob medida?

Sim. Principalmente em algumas áreas de atuação, há uma exigência muito grande, e até por parte do namorado ou da namorada do cliente! Se não for a namorada, é o namorado que vai exigir. Recebemos muitas críticas de namorados e namoradas destes homens que estão um pouco perdidos na hora de fazer escolhas. [Risos]

11 É uma coisa que homem não aprende, no Brasil, não é? Não é ensinado em família, como parte da educação.

Sim. Ele não aprende, não sabe. E, como era muito natural para mim e eu via que era um bicho de sete cabeças para os outros, eu percebi essa carência de informação gigantesca. O homem realmente não tem ideia de como se vestir, o que fica legal, até onde ele pode ir.

12 Não faz parte da cultura. Os pais não ensinam aos filhos homens a se vestir como ensinam outras coisas.

Não tem essa preocupação, não existe essa exigência. Por isso falo que, culturalmente, ainda estamos evoluindo neste quesito. Posso dizer que foi por conta dessa falha que começou a minha história na alfaiataria.

© Chico Soll.

Phoebe Gormley

Phoebe Gormley interessou-se pela alfaiataria ainda adolescente, quando percebeu na área uma oportunidade de trabalhar com moda, mas não diretamente com a indústria fashion. Ela deixou a universidade para se aventurar no mercado de moda feminina sob medida. Poucos meses depois, Phoebe fundou a Gormley & Gamble, primeira loja de alfaiataria na Savile Row que é voltada exclusivamente para o público feminino.

Phoebe Gormley. Savile Row. Londres. © John Millar.

Entrevista concedida por Skype, maio de 2016.

1 De onde vem seu interesse pela alfaiataria?

Eu comecei estagiando na Savile Row com 15 anos, seguindo os meninos e aprendendo tanto quanto podia. Quando terminei a escola, decidi dar o que parecia naturalmente ser o próximo passo e comecei a estudar Design de Figurinos na Nottingham Trent University. Acabou que aquilo não era para mim. Eu tinha uma hora de aulas por semana, com a maior parte do curso sendo "autodidata". Não era o ambiente de aprendizado estimulante que eu queria. No fim do ano, eu abandonei o curso e usei as taxas de matrícula do meu último ano para começar minha própria alfaiataria feminina. Eu mostrei meu plano de negócios para os meus pais em uma sexta e, na segunda, estava em Londres procurando por fornecedores. Eu acho que minha coragem veio da minha frustração com o curso e também da certeza que eu tinha de que as mulheres estavam interessadas na alfaiataria clássica, queriam designs novos, elegantes e inteligentes para usar da sala de reuniões ao bar. Eu pensei: "Se eu não fizer isso agora, certamente outra pessoa vai".

2 E qual o melhor jeito de aprender alfaiataria?

A melhor forma é praticar o máximo possível. Seguir diferentes alfaiates e absorver o estilo e técnica deles – isso influenciará o alfaiate no qual você se tornará. Todo alfaiate tem seu próprio estilo e pontos fortes, e eu não acho que qualquer um deles diria que sabe tudo sobre a arte. Você está continuamente aprendendo e crescendo; essa é a beleza da alfaiataria – tem sempre mais a aperfeiçoar.

3 Na sua opinião, o que a alfaiataria representa para a longa história da produção de roupas?

A alfaiataria tem um papel muito importante na história da produção de roupas. Até os ternos que você compra prontos hoje têm o design original baseado nos princípios da alfaiataria. Milhares de cortes, formas e drapeados existem graças a técnicas de alfaiataria. Só a história recente tem visto roupas sendo produzidas em massa, antes era tudo feito sob medida. Por esta razão, a alfaiataria é mais usual e tem mais tempo de existência do

4 Considerando a experiência que você teve com alfaiataria até agora, como você avalia o interesse das pessoas por ela?

Alfaiataria foi certamente algo grande no passado, particularmente quando a maioria das roupas era feita sob medida. As pessoas falam dos dias de glória da Savile Row, quando as lojas estavam sempre abarrotadas. Com a revolução industrial veio a produção em massa, o fast fashion, e o interesse de consumo se desloca de qualidade, herança e design para marca, marca, marca. Nos últimos anos, nós temos visto um retorno a este tipo de consumo pessoal e personalizado. Consumidores que procuram luxo verdadeiro estão retornando ao feito sob medida. É o que oferece a eles toda uma experiência e a oportunidade de ter algo que é verdadeiramente único, seja um carro, bolsa, joia ou vestimenta. Então eu prevejo que o interesse pela alfaiataria vai subir novamente.

5 Então você acredita que as roupas sob medida terão importância no futuro?

Definitivamente. Enquanto a moda sob medida se torna uma opção progressivamente popular para consumidores de luxo, a demanda por roupas personalizadas vai crescer. Isso é especialmente verdadeiro para mulheres, que têm tantos tipos de corpo diferentes que é loucura esperar que todas nós caibamos nos mesmos tamanhos prontos. As mulheres estão percebendo isso e começando a se vestirem pela sua imagem pessoal, não pela última moda.

6 Conte-nos sobre a sua experiência com a alfaiataria para mulheres.

Eu amo fazer roupas para mulheres. Nenhum corpo de mulher é o mesmo, então cada design é uma criação diferente e um desafio novo. Cada peça de roupa conta uma história – de onde veio aquela mulher, onde ela trabalha, se ela tem filhos e o quanto ela viaja. Eu gosto de mulheres que não têm a menor ideia do que querem, porque isso torna a criação da peça delas mais experimental e excitante ainda.

7 O que você pensa sobre mulheres trabalhando como alfaiates, quando a maior parte dessa mão de obra é de homens?

Eu não acho que isso seja um problema. É ótimo ver mais e mais mulheres trabalhando como alfaiates ou cortadoras. A atitude na Savile Row é muito favorável e acolhedora – as pessoas se importam mais com o ofício do que com você ser homem ou mulher.

8 Você acha que as técnicas de alfaiataria deveriam ser preservadas?

A alfaiataria evoluiu por centenas de anos, então o processo que eu uso para fazer minhas roupas é um produto direto das técnicas usadas durante séculos. Esta é a beleza da alfaiataria – nós podemos usar técnicas e máquinas novas e modernas hoje em dia, mas a essência do ofício continua a mesma.

9 No livro O sexo e as roupas, Anne Hollander afirma que a roupa masculina sempre esteve na liderança do processo de evolução técnica e de estilo na moda, algo que ela atribui à alfaiataria. O que você acha dessa afirmação?

Eu li este livro da Anne Holander e concordo com muito do que ela diz. Ela faz essa pontuação, muito válida, de que até o fim do século XVIII tanto as roupas do homens quanto de mulheres eram altamente sofisticadas, proeminentes e detalhadas. Por várias razões, a moda masculina começou a se tornar simples, com mais foco na estrutura interna dos trajes do que com ostentação ou detalhes. Então certamente houve uma divergência na moda masculina e feminina, quando elas se tornaram focadas em coisas diferentes. A indústria da moda feminina se expandiu

Casaco de tweed.
Phoebe Gormley. Savile Row.
Londres. © Divulgação.

nós aprendemos mais e mais sobre a forma feminina e o que as mulheres querem. Há agora um número de estilistas femininos que estabeleceram o precedente para o que aparece nas passarelas ou nas vitrines. Apesar disso, muitos estilistas da indústria de moda feminina – Alexander McQueen, por exemplo – começaram na alfaiataria, o que ele sempre disse ter sido crucial no seu entendimento da forma humana e na sua disciplina. Então eu penso que hoje em dia a moda masculina e a moda feminina caminham de mãos dadas, em vez de necessariamente liderando uma a outra.

Mauricio Placeres

Filho de engenheiro especializado em confecção, Mauricio Placeres esteve dentro de fábricas de alfaiataria desde a sua infância, no Uruguai. O publicitário escolheu a cidade de Porto Alegre para fundar sua grife homônima. Seu trabalho é especialmente voltado à moda masculina e, segundo ele, o diferencial está na preocupação em não apenas entregar a roupa, mas ensinar o cliente a se vestir bem.

Mauricio Placeres. Rio Grande do Sul.
© Chico Soll.

Entrevista concedida na Maurício Placeres, Genuine Custom Tailoring, RS, março de 2016.

1 Como estão indo os negócios com a alfaiataria?
Bem, felizmente. Em 2015 houve uma cerimônia com os principais nomes da alfaiataria brasileira, em São Paulo. Foi um evento feito pela Reda [marca italiana de tecidos]. Nós éramos os únicos do Rio Grande do Sul, a maioria era de São Paulo.
Fazemos parte deste grupo de alfaiates conceituados dentro das próprias marcas de fornecedores porque trabalhamos com Zegna, Scabal, Reda, Loro Piana. Se o teu trabalho não é feito com matéria prima dessa qualidade, o teu produto final não vai estar posicionado tão alto, porque a matéria-prima básica não será das melhores.
O objetivo daquele evento era a alfaiataria clássica. Tem a ver com a postura da peça finalizada, o seguimento dos detalhes. O método da alfaiataria pede que tenha ajuste. Se tu não tens ajustes, é algo a menos que estás oferecendo, o que faz com que fiques mais longe da alfaiataria profissional.

2 Você mencionou a importância da matéria-prima, mas também falou dos detalhes técnicos como exigências na prática da alfaiataria clássica. Acredita que a observação das regras clássicas é que definem a autenticidade da alfaiataria?
Totalmente. Tudo que fazemos é para que, depois, estas regras sejam visualizadas na peça final. São coisas que fazem com que a peça fique mais bonita e utilitária: os ajustes, a borracha por dentro da calça para que a camisa não escorregue, a crista francesa de verdade, reforços internos, o encontro das linhas, o caimento da manga... Vários detalhes fazem com que a peça, vestida, tenha outra presença.

3 Como foi o seu primeiro contato com a alfaiataria?
Meu pai é engenheiro de produção. Ele trabalha na confecção de alfaiataria há uns 40 anos, no Uruguai. Desde que nasci, estou dentro de fábrica também. O meu contato inicial com a alfaiataria não foi pela parte do artesão e, sim, pela parte da produção em alta escala. Comecei com a alfaiataria industrial e sempre foram trajes masculinos.
Meu pai teve uma fábrica e eu o observava reclamando de uma coisa ou elogiando outra. Isso ficava na minha cabeça. Comecei a fazer roupas para mim, a desenhar algumas peças e a pedir algumas coisas para ele. Depois, ouvindo os comentários de outras pessoas, abri um pouco mais e comecei a fazer peças para um amigo, para outro.

4 Como foi a sua vinda para o Brasil?

Eu já tinha um contato com o Brasil, porque morei aqui vários anos. Quando criança, meu pai trabalhou com uma empresa de alfaiataria do Rio Grande do Sul. Voltando para o Uruguai, meu pai montou a fábrica e eu continuei com isso. Aos 17, vim para cá de novo, depois voltei para o Uruguai. Comecei a fazer esse trabalho lá e pensei que no Brasil teria mais espaço, porque aqui o homem queria se vestir melhor do que no Uruguai, que era muito clássico e não tinha abertura para novas coisas. No Brasil, fui aceito por um nicho da população jovem, as coisas começaram a funcionar e comecei a estabelecer minhas regras, meu jeito de trabalho e de fazer alfaiataria. Foquei no que queria, que era o sob medida, e não tanto na coleção, porque acho que, embora ela funcione, no Brasil, é difícil.

5 Você trabalha com o sob medida, observa regras tradicionais mas também emprega soluções industriais. A apropriação da técnica industrial não o afasta daquela autenticidade da alfaiataria clássica?

Enquanto a parte industrial não influenciar na peça, na individualidade e no aspecto dela, a gente faz. O problema está quando isso passa a transformar todos os trajes em uma coisa igual, como você vê em lojas, de colocar um ao lado do outro e serem exatamente iguais, com os mesmos erros — que é o que define quão iguais eles são!

Por gostar tanto da alfaiataria, temos que dar o acesso a ela para mais pessoas, para que elas vivam o momento de sentar em uma loja, escolher um tecido, escolher um forro, escolher um caimento, fazer a prova, escolher a lapela, escolher o tamanho. Sem este lado da ajuda industrial, todas essas pessoas que atendemos desde que abrimos não poderiam ser atendidas, não poderiam viver esta experiência..

© Chico Soll.

6 O que você esta dizendo é que nem todo o trabalho artesanal tradicional é essencial para caracterizar a boa alfaiataria?

Isso. Hoje tem muita coisa que não é percebida e valorizada. Finalizamos a parte interna à mão, mas não tudo, porque aumentaria muito o custo e o tempo. Se repassarmos para o cliente, ele não vai entender e vai achar negativo pagar por isso, porque não é algo percebido por ele.

7 Por que optou por esta mescla de procedimentos artesanais e industriais?

Porque eu já tinha os conhecimentos de como fazer isso. Hoje, começamos a produzir no Uruguai, onde montamos um layout para a produção em fábrica, para ter a oportunidade de usar um maquinário que é muito difícil de ter fora da indústria. É uma pequena linha de produção: dizemos como a peça tem que circular lá dentro. Onde começa, onde termina e o que tem que ser feito. Neste maquinário da fábrica, tem máquinas de passar que, em uma prensa, já passam ombros, peito, gola... À mão, é impossível chegar nesse resultado.

8 Os alfaiates tradicionais têm resistência a tecnologias novas.

Isso é verdade. Mas as novas tecnologias trazem benefícios de tempo e qualidade. Ou oferecemos um produto nobre, bom, individualizado e exclusivo, com certas partes feitas com métodos industriais, ou não vendemos. É simples assim.

É uma contradição do alfaiato clássico dizer que não gosta de tecnologia, porque, até a década de 50, não existia mais que um Super 120 [lã fria – quanto maior o número, mais fino o fio], e a tecnologia fez com que se conseguisse produzir melhores ovelhas para poder escolher os melhores pelos, para poder fazer os melhores fios e, com esses fios, fazer um tecido que não estrague na hora da tecelagem. Foi a tecnologia que fez isso.

© Chico Soll.

Somos muito amigos da Cerutti (fornecedor italiano). Já fui até lá ver o maquinário deles, ver como é o processo. Eles estão sempre em evolução, sempre procurando novas tecnologias para desenvolver tecidos com melhor desempenho, maior durabilidade, melhor tipo de mescla. Isso é tecnologia. Os trajes, hoje, ficam muito mais bonitos do que antigamente porque os tecidos são melhores. Tem uma tecnologia por trás.

Também somos parceiros da Barrington, do Peru. Eles me mostraram uma máquina que faz com que se consiga tecer os fios mais finos oito vezes mais rápido do que outra máquina tradicional; isso significa mais tecido em menor tempo, o que fará com que se reduza o valor desse tecido e ele possa ser vendido a mais pessoas.

9 Como é sua forma de trabalhar?

Usamos várias técnicas diferentes do que seria o atendimento clássico da alfaiataria. Na alfaiataria clássica, o cliente seria medido por completo. Mas esse processo, hoje, é totalmente desnecessário e faz o cliente perder tempo.

Temos, aqui na loja, algumas peças prontas que seguem o nosso padrão de medidas. Vestimos na pessoa o tamanho que achamos que vai servir e, ali, fazemos correções. Porque já sabemos que nossas peças prontas encaixam em certas partes do corpo do cliente, que várias das medidas experimentadas na peça vão bater exatamente com a dele. Economizamos tempo.

Há alfaiates que fazem esta função de medir tudo porque faz parte de uma experiência, um ritual. Mantemos o ritual, mas diminuímos seu tempo para economizar o tempo do cliente. Isso faz, também, com que as provas sejam reduzidas. Como experimentamos uma peça pronta, que já é nossa, podemos fechá-la em mais partes da confecção do que se formos medir e começarmos a experimentar por partes.

10 É possível afirmar que vocês trabalham no nicho clássico, mas com tecnologias e modificações estruturais que permitam acelerar processos?

Isso e só nisso. Na parte estética, não. O que fazemos de mais moderno são jaquetas – tipo varsity ou tipo bomber –, mas que também são jaquetas que fazem parte de um mundo clássico das universidades inglesas.

Nós somos de uma vertente muito clássica e elegante da alfaiataria masculina. Os modismos não perduram e se perdem com o tempo. O clássico, não. O traje deve manter uma identidade agradável ao olho. Queremos que as pessoas se vistam bem e que permaneçam bem vestidas.

Dentro da produção, há diversas técnicas: a italiana, a inglesa, a alemã. Várias técnicas da alfaiataria alemã industrial ajudam na nossa produção. Obviamente, nosso perfil consiste em se apropriar de alguma tecnologia industrial, mas preservando o clássico e finalizando à mão sempre que pudermos.

Isso encarece o produto, porque são necessárias mais horas de trabalho e alguém mais capacitado. Tudo isso custa. Mas é o perfil da marca: se aproximar do clássico, sem nunca esquecer a vantagem de ter certas tecnologias disponíveis.

11 Este livro inclui também o trabalho de profissionais que operam fora dessa zona do clássico. Como você vê esta linha de trabalho?

Priorizamos, sempre, a elegância. Um traje com zíper não é elegante, então não fazemos. Somos a favor de utilizar novos materiais, tanto que, agora, vamos fazer blazers de malha e alguns coletes de malha, porque mantém a imagem elegante.

A chave de tudo, para nós, é a elegância. Desconsideramos, não trabalhamos e não gostamos daquilo que não é elegante.

12 Fala um pouco sobre a mão de obra.

É bem difícil. Por enquanto, produzimos no Paraná, que é o único lugar onde conseguimos estabelecer nossas regras e métodos de trabalho e de qualidade. Cortamos e desenhamos aqui, eles fecham e passam lá, e damos os últimos acabamentos com nosso costureiro aqui. Tanto a coleção quanto o sob medida são feitos assim.

13 Já teve alguma experiência com alfaiataria feminina?

Isso é uma complicação! O corpo da mulher é muito mais complicado que o do homem. Se estabelecemos oito medidas para o paletó e oito para a calça, e muitas delas são padrão, as medidas da mulher dessas latitudes, que tem mistura étnica grande, variam demais. Se fosse na Europa, em países onde os corpos femininos são semelhantes, poderia facilitar. Mas, aqui, é muito difícil.

14 Quanto tempo você acha que é necessário para aprender alfaiataria?

Para fazer um traje inteiro, de qualidade alta, sem ajuda da tecnologia, uns vinte anos.
Tem que estar o dia inteiro costurando, passando, aprendendo as próprias técnicas para desenvolver melhor. Porque aprendemos certas coisas, mas é o nosso jeito que vai determinar a facilidade e o desempenho depois.

Chico Soll.

[página oposta]
© Chico Soll.

15 Neste tempo em que você trabalha com alfaiataria, você sente o público aumentando, estável ou diminuindo?

Aqui, em Porto Alegre, com certeza está aumentando. Tem a ver com a quebra de preconceitos, algo que afeta diretamente a moda masculina.

Por volta de 2007, fui passar um ano na Espanha. Até então, era difícil ver pessoas com roupas slim aqui no Sul, era visto como uma coisa negativa, enquanto, na Europa, era normal. Aos poucos, as pessoas começaram a viajar e voltar com outras referências. Uma grande mudança aconteceu quando a Zara chegou a Porto Alegre com a modelagem slim europeia. Outras lojas viram que aquilo estava vendendo e começaram a copiar.

Isso é uma hipótese minha, mas acredito que a chegada da Zara no Brasil tenha sido uma grande ajuda para o mercado da roupa masculina.

16 Mesmo trabalhando com o sob medida você vê a entrada do *fast fashion* como algo positivo?

Este é o único lado positivo. Um cliente meu disse que a vinda da Zara para a cidade dele iria acabar com o seu negócio, e eu disse a ele que não. Que ele poderia ter um mix de produtos muito maior e foi o que aconteceu. Vi que as pessoas começaram a gostar de usar um traje não apenas como um uniforme, quando precisam vestir um terno. Começaram a ver que aquilo era uma roupa. E não tem como se vestir com um bom traje, com a medida certa, e não se ver bem naquilo.

É impossível que isso não aconteça.

17 Como é o seu público?

Muito variado: tenho clientes de 17 a 80 anos. A marca começou fazendo algum tipo de coleção, algumas peças não-sazonais. O que aconteceu foi que começamos a perceber que nossas peças eram usadas não apenas por quem desempenhava algumas poucas profissões. Começamos, então, a focar em jovens que têm a formatura no colégio, a formandos na faculdade, até jovens adultos se casando. E avançamos para todo o resto do público! Porque as festas não são feitas só pelo anfitrião: tem os pais dos noivos, padrinhos, pais dos formandos. Começamos a atender filhos, pais, tios, irmãos. O que diferenciou o nosso público foram os eventos.

18 A alfaiataria sob medida, que no passado já atendeu todo mundo, hoje é para poucos. Você acha que este é o futuro dela: artigo de luxo?

Eu acho que, agora, é um artigo de luxo, e nós, aqui, somos considerados produtores de artigos de luxo, basicamente porque trabalhamos com tecidos nobres. Poderíamos reduzir drasticamente os valores da peça final se optássemos por utilizar uma matéria-prima pior.

No começo, os clientes faziam essa comparação, de que um traje aqui custa um valor e, no shopping, outro. Mas, daquele traje, foram feitas milhares de peças iguais, com um tecido que nem se sabe se o que está escrito na etiqueta é verdadeiro, e que não oferece garantia de nada.

Bárbara Santiago

Embora jovem, Bárbara Santiago já acumulou experiência atuando na alfaiataria, com a qual entrou em contato aos 17 anos. Graduada em Artes Plásticas pela UFMG e apaixonada pela moda masculina, fundou seu próprio ateliê, a Santiago Alfaiataria, em 2007.

Bárbara Santiago. Belo Horizonte.
MG. © Barbara Santiago. Cortesia.

Entrevista concedida por e-mail.
Março de 2016.

1 Como foi seu primeiro contato com a alfaiataria?

Meu primeiro contato com a alfaiataria foi aos 17 anos durante o curso técnico de "estilismo e modelagem de vestuário" da Escola de Belas Artes da UFMG, na disciplina prática.

2 Por que escolheu a alfaiataria como negócio?

Escolhi a alfaiataria porque me identifiquei. Sempre amei geometria e tudo que envolvesse arte em uma relação intrínseca com o trabalho, no caso a produção manufaturada de roupas. Ao mesmo tempo, vi que era um mercado que havia carência de profissionais na área, então apenas juntei o útil ao agradável. O nascimento da marca com identidade visual, projetos e etc. surgiu oficialmente em 2012, foi registrada em 2013. Até então contava apenas comigo e a ajuda do meu mestre, que me ensinou tudo que sei. Hoje treino uma funcionária e conto com apoio de dois ou três alfaiates para a confeccção das roupas.

3 Quanto tempo acha que é necessário para aprender as técnicas de alfaiataria? E qual a melhor forma para isso?

Acho que alfaiataria a gente aprende a vida toda. É uma profissão elaborada, difícil mesmo. Só se aprende vivenciando, indo trabalhar dentro de uma oficina. Primeiro, você precisa gostar dela e ter o mínimo de aptidão. Então é preciso ter foco. Depois é dedicação. Dia após dia. Ter humildade para reconhecer quando está difícil, investigar, pedir ajuda aos mais experientes. Eu sempre fui estudiosa para com áreas do meu interesse. Na alfaiataria não seria diferente. Tenho livros, anotações e esboços. Fiz diversos cursos de modelagem e de costura. Anoto tudo que posso, tenho um caderno de estudo para cada peça: camisa, paletó, colete e calça. Descrevo desde a melhor técnica de tirar as medidas do homem como a melhor forma de elaborar um molde conforme as características anatômicas de cada um e as técnicas de costura, dentre outras coisas.

4 O que a alfaiataria representa na história das técnicas de construção de roupa?

Ela é a mãe (ou o pai) de toda a indumentária já inventada. A alfaiataria hoje seria uma espécie de precursora de qualquer vestuário que surja daqui para frente.

5 Como você avaliaria o interesse das pessoas pela alfaiataria atualmente?

O interesse no sentido "curiosidade" é maior hoje em dia do que antes. A alfaiataria antes era um hábito. Não havia lojas para se comprar a roupa pronta. Todas as pessoas, homens e mulheres precisavam ir até o profissional para tirar medidas, escolher o tecido, o modelo e aguardar para que fosse feito sob encomenda. Atualmente, isso é o diferente. A alfaiataria é uma escolha e acredito que as pessoas demonstrem cada vez mais interesse pelo serviço exclusivo.

6 Então você acredita que a roupa sob medida tenha espaço no futuro da moda?

Não só acredito como estou certa de que a roupa sob medida seja a resposta para os problemas que aumentam com a produção massificada da roupa pronta para vestir: trabalho escravo, padrões socioeconômicos complicados, consumo desenfreado e inconsciente dos derivados têxteis, degradação do meio ambiente, dentre outros. Acredito que a moda precisa buscar alternativas para não criar exigências prejudiciais ao mundo em que vivemos.

[acima e à esquerda]
Alfaiataria Santiago. Belo
Horizonte. MG. © Barbara
Santiago. Cortesia.

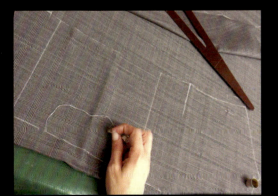

7 Qual é sua experiência com a alfaiataria para mulheres?
Tenho pouca experiência com alfaiataria para mulheres. Decidi costurar para mim algumas peças exatamente para quebrar o medo e enfrentar os desafios que o corte geométrico da alfaiataria encontra nos corpos curvilíneos das mulheres.

8 O que acha da presença das mulheres no ofício de alfaiate?
Eu apoio e estimulo a desenvoltura da mulher em qualquer ofício que ainda não nos coloque em patamar de igualdade com os homens ou qualquer outro gênero.

9 Acha que os conhecimentos acumulados pela alfaiataria deveriam ser preservados? Já teve alguma ideia de como isso poderia ser feito?
Acredito que sim, devem ser preservados por toda a vida. Trata-se de um patrimônio cultural. Futuramente pretendo liberar meus cadernos de estudo para que outras pessoas possam desenvolver a produção e se encontrarem na profissão como me encontrei. O problema da alfaiataria hoje em dia é que, justamente por se tratar de um ramo altamente tradicional, as grandes alfaiatarias espalhadas ao redor do mundo carregam segredos de família que só são passados para membros consanguíneos que levam adiante a profissão, para não correrem o risco de perderem a excelência profissional. Isso é mesquinharia, na minha opinião.

10 O que mais gostaria de acrescentar sobre a alfaiataria?
A alfaiataria seria a grande mãe (ou pai) de todas as técnicas, porque sempre abrangeu um número maior de peças para serem desenvolvidas, assim como sua construção sempre foi mais lenta e minuciosa. No começo, o vestuário feminino era mais simplificado ainda que o desafio dos corpetes e anquinhas colocasse muitos profissionais para trabalhar pesado. Mas não estou colocando a alfaiataria em patamar de disputa em relação a outras roupas. É uma questão técnica apenas. Desenvolveu-se uma peça para abrigar as pernas e o órgão reprodutor dos homens. Depois uma peça conhecida como colete para proteger os órgãos vitais durante o frio (coração, baço, rins, estômago, pulmões etc) e uma outra para cobrir braços, pescoço e reforçar a proteção do colete, chamada paletó. O mundo é machista e misógino desde muito cedo, e proteger os homens era muito importante. Mais importante até do que proteger as mulheres, que eram destinadas à vida doméstica e subservientes aos homens. Foi assim com inúmeras peças da indumentária. Muito tempo depois de terem sido inventadas, foi dada a permissão às mulheres de usarem calça. A mesma coisa aconteceu com o sapato de salto, que a priori foi desenvolvido e usado por um grande rei para depois cair nas graças das mulheres. A alfaiataria, sem sombra de dúvidas, guiou toda uma história e ainda o faz, mesmo que indiretamente.

[acima e à esquerda]
Alfaiataria Santiago. Belo
Horizonte. MG. © Bárbara
Santiago. Cortesia.

Mário Queiróz

Designer com presença constante nas semanas de moda de todo o país. Atualmente realiza o projeto Homem Brasileiro. Mestre em Comunicação e Semiótica pela Pontifícia Universidade Católica de São Paulo (PUC), pós-graduado em Negócios da Moda pela Universidade Anhembi Morumbi e graduado em Comunicação Social pela Universidade Federal Fluminense (UFF).

Mário Queiróz. São Paulo.
© Mario Queiróz. Cortesia.

Entrevista concedida por e-mail.
Março de 2016.

1 A alfaiataria sempre teve um papel preponderante na sua roupa. Qual foi e como foi seu primeiro contato com ela?
Minha carreira como designer sempre esteve voltada ao masculino e, entre os vários segmentos que atuei, ou como consultor do varejo, também trabalhei com a alfaiataria.

2 Como era feito seu trabalho com a alfaiataria? Você mantinha um atelier próprio ou terceirizava a produção?
Na marca Mário Queiróz, a alfaiataria sempre esteve presente, e os alfaiates com quem trabalhamos sempre atuaram em seus próprios espaços.

3 Fale sobre o uso da alfaiataria industrial e artesanal dentro das suas coleções.

Tivemos experiência com empresas que desenvolviam de forma industrial e também com os alfaiates no processo mais clássico, isto acontecia mesmo quando terceirizávamos com empresas de alta distribuição. Como minhas criações eram exclusivas, exigiam novas modelagens e também um processo mais artesanal.

4 Como é atualmente seu trabalho com a alfaiataria?

Atualmente meu trabalho é ligado exclusivamente à alfaiataria sob medida. É um projeto novo e encantador porque os principais clientes são noivos, e eu participo de todo o processo desde a entrevista até o styling.

5 Como foi sua experiência com a alfaiataria para mulheres?

Foi ótima e continuo com ela na linha sob medida.

6 Qual é a melhor forma para aprender as técnicas de alfaiataria?

A prática é a melhor forma, e é claro que depende de um bom alfaiate-professor. Um jovem aprendiz precisa saber o quanto a alfaiataria exige paciência e trabalho.

7 Na sua opinião, o que a alfaiataria representa para as técnicas de construção de roupa?

Interessante perceber como hoje na moda a alfaiataria masculina influencia o casual, o streetwear e todos os segmentos. Até as jaquetas mais informais se inspiram na técnica.

8 Como você avalia o interesse pela alfaiataria hoje?

Está em crescimento, basta observarmos como os cantores pops trocaram as "perfectos" pelos paletós bem cortados.

9 Acredita que a roupa sob medida tenha espaço no futuro da moda?

Claro, por isto estou investindo nela.

10 Acha que os conhecimentos acumulados pela alfaiataria deveriam ser preservados? Já teve alguma ideia de como isso poderia ser feito?

Precisamos preparar os alfaiates com as bases pedagógicas para que eles consigam se integrar no sistema das universidades.

11 O homem brasileiro absorve inovações na alfaiataria?

Além de tratar do assunto no meio acadêmico, tenho me dedicado ao evento Homem Brasileiro, que pensa a diversidade de estilos de homens no nosso país. Hoje a alfaiataria atinge os mais jovens e, com o interesse pela moda, há uma percepção maior das diferenças entre paletós em bons tecidos e bem cortados e outros tipos identificados mais aos uniformes de trabalho.

Mario Queiroz. © Marcia Fasoli. Cortesia.

Walter Rodrigues

Designer brasileiro. Iniciou a carreira em 1983 como stylist na Revista Manequim. Depois disso trabalhou como designer em várias empresas de confecção, tais como Cori e Huis Clos, até lançar marca própria e participar de várias edições do SPFW e Fashion Rio. Walter colabora com o Sebrae do Estado do Piauí, trabalhando com uma comunidade de rendeiras. Desde 2005 coordena o Núcleo de Design Assintecal.

Walter Rodrigues. Rio Grande do Sul. © Zé Roberto Muniz. Cortesia.

Entrevista concedida por e-mail. Março de 2016.

1 Qual foi e como foi seu primeiro contato com a alfaiataria?
O primeiro contato com alfaiataria foi no meu primeiro emprego, em Tupã, cidade em que cresci. Aproveitando a notoriedade do Sr. Alfredo Patto, seu filho Marcio Patto abriu uma boutique de roupas femininas e masculinas. Na sala ao lado, o Sr. Alfredo construía ternos, com as técnicas tradicionais, sem moldes e acabados à mão. Com o advento do jeans, decidiram fazer calças deste material sob medida, e fui convidado a desenhar os bolsos, assim passei ter a chance de estagiar na alfaiataria.

2 Na sua opinião, o que a alfaiataria representa na história das técnicas de construção de roupa?
A perfeição. Sua construção não necessita de excessos, e a simplificação de linhas determina um apuro de técnicas de feitura na qual tudo é visível, portanto tudo tem que ser perfeito. A alfaiataria tem o poder de modificar a silhueta, arrumando os ombros, acomodando os volumes de maneira elegante, alongando o corpo.

3 **Qual a melhor forma para se aprender a alfaiataria clássica?**
A melhor forma seria pelo método clássico, só com as medidas e o tecido, com todos os alinhavos de sustentação das entretelas feitos à mão, e ainda a construção das ombreiras e caseados. Temos bons professores que podem ensinar os primeiros passos e depois vem a prática para entender os movimentos dos tecidos e como trabalhar o volume dos corpos.
É importante salientar que há pessoas prontas para aprender a alfaiataria e outras que são aptas para fazer vestidos e peças fluidas. Para mim, são talentos opostos e devem ser percebidos e incentivados separadamente.

4 **Que papel a alfaiataria teve na evolução da sua roupa?**
Curiosamente sou conhecido por ser um criador de roupas fluidas, mas sempre utilizei da alfaiataria em minhas coleções, como sempre gostei de trabalhar as contradições – estruturado e fluido eram, portanto, uma constante.
Com a abertura da loja em 2010, consegui estimular a clientela a experimentar minhas peças de alfaiataria. Tínhamos um especial cuidado com calças e paletós, que deveriam ser leves, contemporâneos e sempre atemporais.

5 **Acredita que a roupa sob medida, de forma geral, tenha espaço no futuro da moda?**
Sim, ela sempre terá. Primeiro, pela exclusividade e, por outro lado, pela impossibilidade, em alguns casos, de se achar algo que lhe sirva.

6 **Fale da sua experiência com a alfaiataria para mulheres.**
A partir da presença cada vez mais explícita das mulheres em ambientes corporativos, a imagem feminina redesenhada por um terno ou simplesmente um blazer ou casaqueto enfatiza sua presença como participante e a coloca no mesmo nível dos senhores presentes na sala, provavelmente todos de terno. Aqui gostaria de atentar que não vejo isto como uma atitude feminista ou arrivista, mas, sim, como uma atitude igualitária. Com o advento das marcas mais acessíveis como Zara, esta imagem tem sido mais frequente.
Tive clientes muito especiais que amavam smokings e, na tradição do meu trabalho, com estruturas fluidas fizemos muito sucesso com paletós desestruturados e sempre usados com bases fluidas.

7 **Alfaiataria artesanal X alfaiataria industrial. O que você teria a dizer sobre as relações e conflitos entre elas?**
Para mim, cada uma tem o seu valor. A alfaiataria artesanal preserva a arte de construir sobre o corpo, reverenciando os grandes mestres como Cristobal Balenciaga. Também a alfaiataria industrial tem seu valor, pois possibilita que mais pessoas tenham acesso a esta harmonia entre formas estruturadas e o corpo.

8 **Alfaiates clássicos temem que liberdades técnicas e formais, frequentemente tomadas pelos criadores contemporâneos, possam desarticular o corpo de conhecimento que a alfaiataria desenvolveu. O que você tem a dizer a respeito?**
Acredito na evolução em tudo. Quando olhamos o trabalho de Yohji Yamamoto ou mesmo de Martin Margiela o Alexander McQueen, entendemos a importância de outros olhares e de experimentações

sobre este tema. Sempre haverá a disputa, e isso só torna o assunto mais interessante. No futuro, com novos tecidos e novas tecnologias de fabricação, tenho certeza que teremos mais precisão, menos costuras e um perfeito design — enfatizado pelas palavras beleza, forma e função.

9 **No livro *O sexo e as roupas*, tendo a alfaiataria como base, Anne Hollander posiciona a roupa masculina à frente do processo de evolução técnica e estilística da moda. O que ela diz:**

> Ao longo da história da moda, o vestuário masculino foi sempre essencialmente mais avançado que o feminino e inclinado a indicar o caminho, a fornecer o padrão, a fazer as proposições estéticas às quais a moda feminina respondeu.

Qual sua opinião a respeito?
Para mim, a silhueta masculina, definida a partir do século XIX, com seu rigor de construção e seu desprezo por ornamentos e decorações, impõe um novo modo de entender a posição do homem.
Nas décadas seguintes, a utilização do preto como cor principal e a exaltação das formas masculinas, acentuando os peitorais e os ombros, constituem uma espécie de nova armadura.
Com o passar do tempo – e com a evolução dos costumes –, cores, texturas e brilho reaparecem neste figurino, deixando o homem mais sedutor. Como criador, sempre parti da imagem do homem, mesmo não criando coleções para eles, mas o entendimento de que no vestuário masculino a palavra chave sempre será "essência" me inspirava a buscar esta palavra em tudo o que eu fazia e, mesmo no mais frívolo dos vestidos, a arquitetura que o sustentava vinha da essência da alfaiataria.

Walter Rodrigues. Inverno 2011. © Agência Fotosite.

Giuliana Romano

Graduada em Economia e em Moda pela Fundação Armando Alvares Penteado (FAAP/SP), Giuliana Romanno criou sua marca homônima em 2006. A estilista é reconhecida por aplicar técnicas de alfaiataria masculina no universo feminino.

Giuliana Romano. São Paulo.
© Cortesia Mktmix

Entrevista concedida por e-mail.
Março de 2016.

1 Qual foi e como foi seu primeiro contato com a alfaiataria?

A alfaiataria masculina sempre foi uma inspiração para mim, pelo processo de construção que remete à arquitetura e por ser um símbolo de elegância e sofisticação.

2 Qual a melhor forma para aprender as técnicas de alfaiataria?

No passado, os alfaiates eram artesãos, passavam seu conhecimento de uma geração para outra. Atualmente, temos cursos especializados, dentro e fora do país, que possibilitam uma experiência de aprendizado mais profunda desta arte. Acredito que a competência adquirida através de uma formação deve estar aliada à experiência da prática que, em minha opinião, é a única forma de consolidar o aprendizado.

3 Que papel a alfaiataria tem na evolução da sua concepção de roupa?

A melhor forma seria pelo método clássico, só com as medidas e o tecido, com todos os alinhavos de sustentação das entretelas feitos à mão, e ainda a construção das ombreiras e caseados. Temos bons professores que podem ensinar os primeiros passos e depois vem a prática para entender os movimentos dos tecidos e como trabalhar o volume dos corpos.

É importante salientar que há pessoas prontas para aprender a alfaiataria e outras que são aptas para fazer vestidos e peças fluidas. Para mim, são talentos opostos e devem ser percebidos e incentivados separadamente.

4 Na sua opinião, o que a alfaiataria representa na história das técnicas de construção de roupa?

Desde o fim do século XVI, as longas túnicas, herança da antiguidade, foram substituídas por diferentes peças de roupa que são as bases do costume ocidental. Estas partes livres uma das outras motivam os homens e as mulheres a improvisar e renovar seus modos de vestir.

A evolução no século XIX leva homens e mulheres a aproximar a roupa de suas necessidades práticas e dos principais meios de deslocamentos. Mas as maiores inovações vieram dos costumes militares, que representaram um verdadeiro laboratório para as novas formas visando praticidade, conforto e proteção. As técnicas de montagem, antes restritas aos alfaiates das cortes, evoluíram com adaptação necessária ao homem na sociedade moderna.

A alfaiataria feminina, ou o Tailleur, permitiu, a partir do século XX, adequar as necessidades relacionadas à evolução feminina na sociedade como trabalho, esporte, viagens etc.

A alfaiataria é um clássico, um símbolo de elegância que considero imune ao tempo! A história é testemunha. Não poderia deixar de citar Madame Chanel. O tailleur que ela criou vem se adequando às mudanças e a todos os movimentos de emancipação feminina.

6 Qual é sua experiência com a alfaiataria para mulheres?

Concentro minha experiência em aliar as técnicas de construção da alfaiataria masculina ao universo feminino, acentuando a feminilidade e a sensualidade da mulher.

7 O que acha da presença das mulheres no ofício de alfaiate?

Acho que é uma evolução natural, as mulheres são cada vez mais numerosas em várias áreas profissionais. Na moda, as mulheres sempre foram muito representativas, por ser um oficio que se aprende em família.

8 Acha que os conhecimentos acumulados pela alfaiataria deveriam ser preservados? Já teve alguma ideia de como isso poderia ser feito?

Sim! Acredito que a melhor forma de preservar um conhecimento é torná-lo público, passando este conhecimento adiante a novos aspirantes. Neste caso, a tecnologia pode ser uma grande aliada, podendo proporcionar novas experiências didáticas. Outra forma seria a criação de um museu que reunisse historicamente as diferentes técnicas e conhecimentos deste ofício.

Giuliana Romano. Inverno 201
© Agência Fotosite.

Vitorino Campos

Vitorino Campos é estilista. Graduado em Design de Moda pela Universidade de Salvador, criou sua marca homônima em 2008 e lançou uma de suas primeiras coleções no SPFW em julho de 2012. Seu trabalho em alfaiataria é direcionado para a moda feminina.

Vitorino Campos. © Rodrigo Bueno. Cortesia: Mktmix.

Entrevista concedida por telefone. Abril de 2016.

1 **Qual foi e como foi seu primeiro contato com a alfaiataria?**
Minha mãe tinha uma fábrica de uniformes. Cresci no meio deles, e os uniformes envolviam técnicas que eram da alfaiataria. Mais tarde, procurei aprofundar o que eu já havia conhecido e aprendido antes.

2 **Quanto tempo acha que é necessário para aprender as técnicas de alfaiataria? E qual a melhor forma para isso?**
Não acredito que exista um tempo para aprender alfaiataria. Quando se trata de alfaiataria, você está sempre aprendendo algo novo a respeito dela, como fazer um pique, encaixar a manga

3 **Que papel a alfaiataria tem na evolução da sua concepção de roupa?**
A alfaiataria estrutura minhas coleções, começo por elas. As primeiras peças são sempre de alfaiataria.

4 **Na sua opinião, o que a alfaiataria representa na história das técnicas de construção de roupa?**
A alfaiataria, antes de tudo, é necessária e é linda. Qualquer pessoa que faz roupas vai ter de lidar com ela.

5 **Considerando a experiência que teve com a alfaiataria até agora, como você avalia o interesse das pessoas por ela? Já foi maior? É estável? Está em crescimento?**
E algo que nunca vai passar. A alfaiataria é para sempre. Vai estar sempre ali em um espaço intocável.

6 **Qual é sua experiência com a alfaiataria para mulheres?**
Não faço quase nada de masculino ainda. Meu trabalho de alfaiataria sempre foi direcionado às mulheres.

7 **O que acha da presença das mulheres no ofício de alfaiate?**
Trabalho com duas excelentes. Não vejo distinção. Talvez por lidarem com roupa feminina e ser roupa feminina o que eu faço, elas me dão uma ótima interpretação de croqui, suavizam os contornos e linhas, mas tanto homens como mulheres são bons da mesma

Vitorino Campos. Verão 2017.
© Agência Fotosite.

8 Acha que os conhecimentos acumulados pela alfaiataria deveriam ser preservados? Já teve alguma ideia de como isso poderia ser feito?
Eu acho importante esta posição protetora dos alfaiatos clássicos. Eles ajudam a preservar tradição. Equilibram os opinião.

Jadson Ranieri

O contato de Jadson Raniere com a moda aconteceu dentro de casa, observando a avó costurar. O pernambucano estudou Moda no Rio de Janeiro. Já como estilista, em São Paulo, tornou-se conhecido por gostar e por conhecer bem a alfaiataria – ora trabalhando dentro da tradição clássica, ora experimentando com as técnicas tradicionais.

Jadson Ranieri. São Paulo.
Cortesia: Esmaltes Big Universo.

Entrevista concedida por e-mail.
Março de 2016.

1 Qual foi e como foi seu primeiro contato com a alfaiataria?

Desde pequeno, prestava atenção na minha avó a costurar. Tinha algumas peças que ela não se atrevia a fazer, ou até mesmo cortar o tecido. Isso me intrigava. O fato de um profissional executar um trabalho melhor que o outro, de ter uma técnica ou fazer um trabalho mais limpo. Eu fui observando essas coisas e veio a curiosidade de saber o porquê. A alfaiataria está nesse lugar, é cheia de segredos, truques de modelagens, é a exceção em si. A experiência que o profissional adquire ao longo do tempo para fazer um trabalho bem feito era o que me deixava curioso e foi o que me fez procurar aprender mais sobre alfaiataria.

2 Quanto tempo acha que é necessário para aprender as técnicas de alfaiataria? E qual a melhor forma para isso?

Cada um tem uma forma de aprender e fazer seu trabalho. Ainda estou procurando entender muito sobre a alfaiataria e suas técnicas. A experiência que o profissional adquire ao longo do tempo é muito válida quando usada no dia a dia. Cada indivíduo tem um corpo diferente, então é importante entender o corpo que vai usar determinada alfaiataria. Escolher professores que tenham muito conhecimento é sempre bom. E exercitar ajuda a desenvolver suas próprias técnicas.

3 Que papel a alfaiataria tem na evolução da roupa que você faz?
Todos os meus trabalhos vinham da alfaiataria clássica. Sempre observei muito os profissionais e suas formas de trabalhar, usei algumas técnicas que aprendi com alfaiates, o que também serviu como uma forma de exercício. A alfaiataria atravessou séculos e vem se renovando ao longo do tempo e a gente vem acompanhando sempre com aquela vontade de mostrar novas possibilidades, brincando um pouco com a roupa, que era levada tão a sério lá pelo final da Idade Média. Então o papel da alfaiataria nas minhas coleções é o de me auxiliar com as técnicas clássicas, possibilitando que eu desconstrua e misture o clássico com o esporte e urbano.

4 O que a alfaiataria representa na história das técnicas de construção de roupa?
A roupa representa para o alfaiate essa busca pelo impecável, pelo bem feito. Ele coloca nela mais que o trabalho: ela é a sua marca, a soma das suas experiências. Agora, o homem é um desafiador. Com a revolução industrial e as máquinas, ele aprimorou as técnicas e o trabalho feito a mão buscando, a cada momento, chegar perto da perfeição.

5 Considerando a experiência que teve com a alfaiataria até agora, como você avalia o interesse das pessoas por ela? Já foi maior? É estável? Está em crescimento?
Tem se tornado cada vez mais difícil consumir a alfaiataria. Não por ela ser complicada, mas devido às mudanças de comportamento do indivíduo e pela influência da cultura de massa. Poucas são as pessoas que sabem apreciar uma roupa feita com todo aquele cuidado. Além disso, existe um movimento na direção de uma roupa mais simples, rápida e barata, que se possa comprar três ou quatro peças a cada estação. As pessoas estão comprando roupas quase descartáveis nesse momento.

6 Acredita que a roupa sob medida, de forma geral, tenha espaço no futuro da moda?
Tudo está mudando e às vezes voltando ao que era. A moda está mais uma vez passando por um movimento brusco. O futuro da moda é imprevisível e eu não sei se isso é bom ou ruim, mas acredito que, depois desse tempo de roupas descartáveis, dos grandes magazines e do fast fashion, as pessoas se voltarão para um trabalho exclusivo. Acredito que isso possa vir a acontecer novamente. Fala-se muito de individualidade, mas o que as pessoas querem mesmo é pertencer a grupos, algo que é natural do ser humano. Pode vir a surgir desse quadro um novo senso de individualismo, as pessoas podem voltar a apreciar um trabalho autoral.

7 Qual é sua experiência com a alfaiataria para mulheres?
Acho que é algo tão trabalhoso quanto a roupa masculina, sendo que requer outras técnicas e outros cuidados, e é por isso eu entendo que alguns profissionais se especializaram em um ou outro gênero de roupa. Em desfiles, sempre usei a roupa masculina na mulher, fazia essa transposição do sexo das roupas, e isso está em moda agora. Acho que a mulher sempre quis usar a roupa masculina e o homem sempre teve curiosidades a respeito da feminina.

8 O que acha da presença das mulheres no ofício de alfaiate?

Quem me ensinou muito de alfaiataria foi uma mulher! E ela aprendeu com um grande costureiro que sabia muito de roupa, principalmente masculina. Eu tentei aprender com alfaiates, mas sempre tive dificuldade, porque eles não tinham muita paciência para ensinar. A minha alfaiate falava a mesma coisa. Ela sofreu com um mentor muito severo. No entanto, agradecia por ele ter sido duro, pois aprendeu com ele. Eu posso afirmar que funcionou, porque o trabalho dela é maravilhoso. Ela está comigo desde o começo.

9 Acha que os conhecimentos acumulados pela alfaiataria deveriam ser preservados? Já teve alguma ideia de como isso poderia ser feito?

Sim, deveria ser preservada por quem tem coragem de aprender e passar isso para outras pessoas. O trabalho de um alfaiate, seja ele ou ela, não se aprende em livros ou apenas com modelagem, não é simples assim. Alfaiataria é cultura, é vivência, e isso se passa, mas com a experiência. Infelizmente, hoje temos poucos profissionais assim aqui no Brasil, eu diria que existem poucos no mundo. Ninguém mais quer ser alfaiate.

Jadson Ranieri. Inverno 2011. © Agência Fotosite.

Kátia Costa

Kátia Costa é graduada em Educação Física (UFSM) e pós-graduada em Moda, Consumo e Comunicação (PUCRS). Ensina técnicas de costura e ministrou aulas na Universidade Feevale (RS) e na Universidade Católica de Pelotas (UCPEL/RS). Fundou, em 2007, a EsKola de Costura. Aprofundou seus estudos em costura vintage na Inglaterra.

Kátia Costa. Rio Grande do Sul.
© Chico Soll.

Entrevista concedida na residência da professora, RS, março de 2016.

1 Como foi que você começou a ensinar alfaiataria?

Eu fiz um curso de couture tailoring and techniques, em 2009, no London College of Fashion, e, na mesma época, fiz um curso de vintage couture techniques. Um era só de acabamentos de alfaiataria e o outro ensinava a montagem do suit, do traje. Fiz os cursos porque escolhi. Era algo que faltava na minha formação.

2 A essa altura você já era uma profissional de modelagem?

Eu era professora, dava aula de Modelagem III, na Universidade Feevale, no Rio Grande do Sul. O curso abordava o blazer feminino. Fazíamos todas as modificações do bloco básico, aqueles ajustes para tornar o blazer industrial. Mas eu sabia que tinha algum mistério na montagem dele e que seria preciso aprender qual era este mistério estudando com alguém. Foi aí que me inscrevi nestes cursos em Londres.

3 Por que Londres?

Porque a melhor alfaiataria veio de lá! Sempre quis transpor para o Brasil tudo o que eu vi na Inglaterra. Toda aquela estrutura, o tato na hora de montar, de trabalhar com vapor, os ferros adequados. Isso eu não tinha visto aqui. Sobre os materiais os ingleses também me ensinaram muito.

4 A lã foi muito importante para a alfaiataria inglesa não é? Ela permite a moldagem de outro jeito.

Exatamente. Passar o ferro direto sobre o local ou usar o vapor e modelar naqueles passa-detalhes (que são aquelas tabuinhas), isso tudo eu conhecia. Mas nunca ninguém tinha me dito "é assim, assim não pode, assim não vai dar certo, assim vai dar". Tive aulas com um alfaiate que, se não me engano, era alemão e morava há muitos anos na Inglaterra. Ele trabalhara em várias maisons e também com figurino. No início da aula dele, ele dizia: "casacos que eu ensinei a fazer, ou que eu fiz há muito tempo e as pessoas compraram, é só trocar a gola". Ele podia dizer isso porque sabia que a estrutura era incrível. A troca de gola era para não precisar lavar, mas o casaco ficava sempre impecável.

5 Quanto tempo você acha necessário para aprender alfaiataria?
Na London College, eles dizem que leva no mínimo cinco anos. O Sr. Colatto, um alfaiate aqui de Porto Alegre, conta que, quando era aprendiz, começou com o caseado de botão a mão e também demorou cinco anos até deixarem ele tomar medida e construir o paletó.

6 Você fez seu primeiro curso há seis anos, não é?
Exatamente. E ainda continuo querendo saber milhões de coisas.

7 Quais outros conhecimentos você trouxe e aplicou nos cursos no Brasil?
Aprendi lá que a matéria prima era muito importante. Ministrando cursos aqui, comecei a trazer a lã da Inglaterra. A primeira leva de lã que eu trouxe, nenhum aluno quis comprar. Todos compraram o curso; o material, não. Acharam muito caro.
Eu sabia que era importante experimentar com aquela qualidade, mas eles compravam materiais sintéticos, traziam qualquer coisa. Então, quando íamos executar determinada parte, o material queimava ou ficava plastificado, brilhoso, desfiava. Eu não queria que fosse assim, mas nem sempre era possível passar o conhecimento como eu tinha formatado.

8 Você está dizendo que mesmo na sala de aula a qualidade da matéria prima é fundamental?
Sim. Hoje eu peço que comprem um tecido 100% lã. Quem não comprou 100% lã fria é avisado do que vai acontecer. Muito insistem dizendo que só querem ver a montagem, mas nem na montagem é a mesma coisa. A lã fria, fina ou grossa, fica flexível, maleável.

9 Com relação à modelagem, o que mais a alfaiataria lhe ensinou?
Eu vi que a modelagem não era tão complexa. Resolvi aquele mistério, na verdade.

10 Para a maioria das pessoas, é muito complexo!
[Risos] É, e olha que agora nós temos livros que mostram tudo, não é? É claro que, quando a pessoa tem um ombro menor que o outro e é preciso fazer correções, ou quer o casaco cinturado, ou então soltinho, isso vai exigir mais. No primeiro curso que fiz na Inglaterra, trabalhei com um tailleur Chanel, que é mais quadradinho. Em 2011, fiz outro treinamento com um suit bar Dior, da década de 40. Este modelo tem um quadril maior do que o normal e uma cintura bem fina. Aprendi o colete masculino em outra faculdade, na University of Arts Bournemouth.

11 Este livro inclui também o trabalho de profissionais que operam fora dessa zona do clássico. Como você vê esta linha de trabalho?
Aumentou. O aluno de moda que vai montar marca própria e quer um diferencial sempre procura a alfaiataria. Minha última turma tinha quatro alunos e era bonito ver o encantamento deles ao aprender como se abre a margem de costura, como se trava a margem de costura no resto da lã. Aí tem um barrado de algodão cru, tem uma fita de reforço na gola para não cair, tem barbatana espiralada de metal... É apaixonante. A alfaiataria dá outra dimensão para a construção de roupa. Eu ministro também essa mesma montagem na Universidade Feevale, na Pós-Graduação.

Os alunos estão se especializando em modelagem, mas eu bati o pé para botar a montagem na disciplina em vez de ensinar apenas mais um molde. Molde não é tudo. Insistiram comigo que era uma disciplina de modelagem. A verdade é que, sem entender e praticar a construção, o aluno nunca vai saber como montar uma peça. Molde você copia da revista.

12 Você quer dizer que os cursos superestimam a modelagem e subestimam a parte de construção?

Sim. Montar é o segredo de tudo. Eu acho a montagem sensacional. Trabalhando com a equipe da Rede Globo, vi que a forma de montar que eles usavam era mais contemporânea. A minha forma era completamente vintage. No início me diziam que daquele jeito não se fazia mais, aos poucos foram entendendo que, para fazer o figurino de época, tem que se fazer do jeito que se fazia naquele tempo. Como iam fazer uma novela que era toda anos 40, insisti que era preciso aprender a forma de montar dos anos 40! Era assim que era feito. Era preciso cuidar da estrutura interna de época, não só da externa. A partir daí o trabalho foi bem aceito. Eu estava na hora certa, no lugar certo. Se fosse ensinar alfaiataria para uma minissérie atual, os alfaiates de lá sabem tudo. Como vi que não conheciam várias coisas relativas à montagem vintage, pude ensinar coisas. E fiquei muito feliz com isso.

13 Como é o perfil de quem procura aulas na sua escola?

Tem um pouquinho de tudo. No momento tenho alunas que simplesmente querem trabalhar com costura, como tem gente da Graduação e da Pós-Graduação. Estes querem recuperar a parte prática e da costura. Tem uma moça que até pouco tempo atrás era diretora das apresentações da Ospa, a Orquestra Sinfônica de Porto Alegre. Ela pediu demissão e agora só faz costura. A avó dela veio da Europa, tinha uma fábrica de rendas, e ela quer retomar isso. É incrível.

14 Você acha que fazer roupa sob medida tem lugar no futuro?

Eu acho que sim. Tem alunas que dão um retorno muito bacana sobre isso. Tem uma senhora que estuda comigo e que está fazendo roupa para todo o prédio onde ela mora.

15 E a sua experiência com alfaiataria para mulheres. Qual é a diferença?

A mulher geralmente gosta mais acinturado. Não quer que pareça que ela está vestindo a roupa do marido ou do pai. As ombreiras não são tão pronunciadas, a manga é mais justinha, o conjunto todo é colado no corpo. O corpo comanda mais.

As mulheres também são boas na hora de fazer alfaiataria. Uma vez, em Londres, vi duas garotas tatuadas construindo uma roupa de alfaiataria dentro de uma vitrine. Não me esqueci mais dessa cena. Tive quatro alunas recentemente que eram maravilhosas. E tem uma mulher muito talentosa trabalhando em Londres, na Saville Row.

Acho que você está falando da Kathryn Sargent.
Isso.

16 Algo mais que você queira dizer sobre alfaiataria?

A alfaiataria pensa a roupa por dentro. No curso que fiz em 2011, fomos a um museu em uma cidade chamada Blandford e vi de perto algumas casacas de cauda longa. É incrível a estrutura delas e das calças também. As casacas tinham até protetores nas costas para segurar a coluna na hora de cavalgar. Impressionante o que a alfaiataria pode fazer. As roupas femininas eram mais esvoaçantes, mas a masculina era uma aula de estrutura.

Eu também gostaria de falar das ferramentas. De como as agulhas são desse tamanhinho! Dos dedais... Eu fui aprendendo sobre as ferramentas na Inglaterra. Comprei algumas através de uma revista de costura que se chama Sew Today. Também comprei todas aquelas madeirinhas que tinha no curso em uma loja de tecidos e artigos de costura chamada Mcculloch & Wallis. Em São Paulo, no Bom Retiro, dá para encontrar alguma coisa, mas as agulhas, a cera de abelha que vai na linha, eu não sei se é possível.

As almofadas também são incríveis. Aprendi com os alfaiates da TV Globo a enchê-las com serragem molhada. Quando seca, a serragem expande e deixa a almofada bem durinha.

A alfaiataria é manufatura, e a industrialização tomou conta de tudo, não é? Os alfaiates antigos têm aquela tristeza, uma nostalgia de algo que não se usa mais. Aquela coisa de que o valor se perdeu. O Sr. Colato tem 50 anos de prática! É um conhecimento muito precioso. Minha história é que eu quis reproduzir o que eu aprendi. E ensinar. Eu não sou uma "alfaiata" (Risos). Mas espero que a alfaiataria nunca acabe. Nem que seja para alguém poder fazer uma peça com todo cuidado e carinho.

Sobre Arremates, Acabamentos e Diagnósticos

Relacionei as camadas de leituras da alfaiataria com as radiografias, abrindo este livro com uma metáfora. Em seguida, enveredei por experiências de cunho pessoal e adotei o ecletismo - desdobrado em textos históricos, textos em tom crítico-investigativo, entrevistas, edição de imagens e apresentação de um processo didático como regra de abordagem. Além disso, empreguei adjetivos de sentido aproximado, como variado, diverso e heterogêneo, que aparecem no texto todo o tempo. Sem falar nas oposições artesanal/industrial, feminino/masculino, clássico/contemporâneo. Era evidente que, uma vez aberta esta caixa de variedades, não seria fácil fechá-la!

Espera-se de um método sortido como este que ele encontre seu arremate, que a ele seja dado um acabamento. Ou, para retomar a metáfora inicial, que ele dê acesso a um diagnóstico. Mas não é o que pretendo fazer. Não por uma recusa infundada, mas por coerência com o que foi dito ao longo de todas essas páginas: que alfaiatarias são muitas, quer gostemos ou não dessa realidade. E reitero que não há soluções fáceis para os mistérios e complexidades que rondam as relações entre elas. Adotar o plural no título do livro implicava reconhecer todas elas como legítimas e aproximar seus atores, colocando-os em um mesmo ambiente. Esta pode parecer uma decisão previsível, afinal, convivemos com variações daquilo que chamamos de alfaiataria todo o tempo. Entretanto, quem conhece os dramas internalizados no métier sabe que o mais prudente seria adotar fronteiras de contenção entre estes territórios em conflito.

São comumente apartadas as alfaiatarias masculina e feminina. Também há uma divisão clara entre a alfaiataria convencional, que produz estética sustentada por certas proporções, aspectos e composições têxteis, e aquela que é liberal no uso de matérias primas, cores e formas. Ainda que utilize processos artesanais, ela será banida do reduto clássico.

Mas ainda não são estas as dualidades que melhor representam o quadro de tensão que permeia este campo minado por apropriações indébitas, rasgos protecionistas e inevitáveis ressentimentos. O ponto nervoso fica entre a alfaiataria artesanal e a alfaiataria industrial delegada na sua maior parte à execução feita por máquinas e sustentada no mercado por discurso que disfarça as diferenças entre elas.

É notório o que acontece quando o produto de execução lenta e manual enfrenta concorrente semelhante produzido de forma rápida e industrial. É esta a guerra travada pela alfaiataria clássica: preservar o valor e o poder de atração do produto que exije de dois a três meses para ficar pronto quando ele disputa espaço com outro para o qual o tempo de execução nem é relevante e cujo preço pode ser várias vezes menor.

Estes aspectos já foram levantados ao longo do livro. Não vou retornar a eles. Se neste momento existe algo a ser dito é sobre outro ponto crítico, este localizado entre a alfaiataria e a maneira como a cultura oficial não se posiciona a respeito dela através das políticas de ensino e de preservação.

A antropologia clássica iluminou as tradições das diferentes civilizações e agrupamentos promovendo o reconhecimento do seu papel na formação da cultura coletiva. Abriu, dessa forma, caminho para a preservação de manifestações artesanais e das técnicas que lhes dão sustentação por parte dos órgãos responsáveis. Todavia, mesmo os ramos contemporâneos da antropologia, aqueles que privilegiam o estudo de manifestações culturais circunscritas à vida nas cidades, e seu sistema de significados, não incluem a alfaiataria e os alfaiates no rol de interesses da mesma forma que incluem técnicas e formas de expressão de outros grupos urbanos.

É o aspecto da preservação como estratégia decorrente do reconhecimento de valor — ausente, no caso da alfaiataria — que vale salientar aqui.

Como explicar essa ausência?

A alfaiataria tem forte tradição inglesa. Dentro de determinado recorte, esta origem foi ressaltada neste livro, mas ela extrapola a condição de prática de uma nação específica para estender-se ao de muitas outras. Foi aperfeiçoada anonimamente, de maneira desterritorializada, e evoluiu até atingir tal maturidade nos seus procedimentos que poucas técnicas ancestrais, mesmo aquelas com outras destinações, se equiparam em excelência ou sobreviveram como ela. No Brasil, embora ela escreva história econômica e sociocultural relevante, não há um reconhecimento da importância da sua preservação por parte das entidades governamentais e da sociedade em geral, como há, por exemplo, no caso de outras tradições artesanais.

Vitimada pelo caráter urbano, pela própria universalidade, certamente por ter se constituído como atividade econômica bem sucedida, a alfaiataria, a despeito do interesse renovado, é defendida quase que somente por uma geração de profissionais de idade avançada. Apesar de estes profissionais realizarem esforços circunstanciais, eles não são articulados nem como classe de trabalhadores nem como agentes culturais. Salvo exceções, as universidades também não contribuem. Não promovem a aproximação dos alfaiates com as suas práticas de ensino nem incluem a alfaiataria nas grades de disciplinas regulares. Em suma, não existem políticas para preservá-la ou ensiná-la, embora o reconhecimento de sua vital importância emerja nos discursos e no retorno descontínuo aos seus recursos como estratégia de qualificação do ensino e da produção.

Que falhas de atenção ou omissões desenharam este quadro de indiferença?

O conhecimento que a alfaiataria aperfeiçoou está à deriva, oscilando aos caprichos do mercado. O que explica sua sobrevivência neste ambiente hostil não é apenas sua importância histórica, nem o prestígio do feito à mão, nem alguma forma de fetiche pela exclusividade. Tudo isso, certamente, deve ser levado em conta, mas o que realmente sustenta a alfaiataria artesanal é a sua incomparável superioridade como técnica de construção de roupas.

Devo acrescentar a essa receita de sobrevivência da alfaiataria algo em comum nos depoimentos que me foram concedidos: a reverência incondicional dos designers de moda diante dessa técnica maior. A alfaiataria, é o que se extrai dos relatos, redimensiona o que seria apenas uma atividade profissional. Faz do mero ofício um exercício sensível. Do fazer, um fazer excelente. Aciona a nota de grandeza com a qual cada um deles reafirma a dignidade do seu papel de criador de roupas.

Algumas manifestações do nosso engenho atingem tal ponto de maturidade que passam a integrar um acervo atemporal e transnacional. Acontece com nossa capacidade de tecer tapetes, de contar histórias, de construir edifícios ou sistemas computadorizados. E acontece com a capacidade de construir roupas. Para esta finalidade, a alfaiataria, que é o que produzimos de melhor, deveria ter status e tratamento público e privado de patrimônio cultural.

O que ainda falta para que seja assim?

A construção da alfaiataria:
um passo a passo

Em paralelo ao processo de pesquisa e escrita, foi realizada uma oficina prática de modelagem e execução de alfaiataria, acrescentando camada didática ao conteúdo do livro. O desafio foi condicionado à compra aleatória de quatro diferentes tipos de tecidos em uma loja de rua, sem que houvesse uma análise prévia das dificuldades que eles poderiam trazer à confecção. Teriam que ser tecidos de baixo custo, facilmente encontrados no mercado brasileiro.

Os escolhidos foram:
1. moletom mescla de algodão;
2. chita de fundo azul e flores miúdas;
3. renda industrial tipo guipire com vazados grandes;
4. linho bege de composição mista (com viscose).

Um pequeno grupo trabalhou cerca de três meses para modelar, costurar e documentar o processo de construção de quatro variações do casaco do tailleur Bar, criado por Christian Dior, em 1947, um em cada tecido. A simplificação da modelagem e dos processos foram princípios norteadores de todo o trabalho, adotados sempre que não havia perda no aspecto didático da construção da peça. Também foi dada a preferência ao uso de materiais adaptados ao clima tropical.

Caso do plastron, que é usado para estruturar a região do peitoral, e foi usado na versão em crina de cavalo, substituindo o feltro, que é mais quente. Pelo mesmo motivo não foi usada manta acrílica na estruturação das mangas.

A orientação por apresentar o processo de montagem de uma das peças -e não a modelagem- foi dada pela professora Kátia Costa, autora do método, que argumentou a favor da montagem como parte crucial e subestimada dos processos de alfaiataria. A equipe não demorou a aderir à proposta. De fato, enquanto o acesso a moldes pode ser feito com facilidade, visualizar um processo de montagem em todas as suas etapas é oportunidade rara. Construir a peça, depois de cortadas as partes e executadas as primeiras costuras, obriga o aprendiz a lidar com a dimensão volumétrica da roupa, que é a que dá sentido final a todas as técnicas da alfaiataria.

Trabalhando com materiais de procedimento imprevisível, quando exigidos dentro de técnicas manuais refinadas, as dificuldades, como era de se prever, foram enormes. O resultado final seria tecnicamente superior caso o material empregado fosse uma lã de alta qualidade. Entretanto, outro objetivo do passo a passo a seguir, além de orientar a sequência de procedimentos, foi o de apresentá-lo em imagens próximas da prática real do aluno aprendiz e não do alfaiate experiente, testando o processo em tecidos considerados inadequados pela alfaiataria tradicional.

Obs: Para experimentar o método, é necessário que o aluno tenha feito cursos básicos de modelagem e costura.

Materiais

1,8 m de cetim ou acetato para forro;
1,5 m de entretela de crina (canvas);
50 cm de feltro de lã;
Linha da cor do tecido do blazer;
Linha de pesponto branca;
50 cm de entretela de juta (gola inferior);
2,5 m de tecido (usamos linho, xita, moleton e renda com base de cetim);
Um par de ombreiras preferencialmente de lã, mas pode ser a sintética;
2 m de entretela de malha (se quiser deixar seu blazer mais estruturado);
7 m de cadarço de algodão de 1 cm de largura

Antes de começar

Faça testes de caimentos dos tecidos (no sentido do viés) com o objetivo de contornar a região do pescoço de um manequim para visualizar como será o caimento.

Umedeça ou lave o tecido previamente antes de cortá-lo para evitar possíveis encolhimentos.

Preparação

1. No tecido escolhido para a parte externa do blazer, corte os seguintes moldes: centro frente (4x), lateral frente (2x), lateral costas (2x), centro costas (2x), as mangas inferiores e superiores (2x), gola superior (1x) e a gola inferior (2x), com as seguintes margens para fora do molde: 2,5 cm nas laterais, ombro, cavas, degolo, centro frente, centro costas e cabeça de manga. 5 cm para barra do blazer e punhos. Corte na entretela de malha o molde do punho (no painel inferior e superior da manga) e a gola inferior, mantendo a mesma margem do tecido externo.

2. Corte o forro: lateral frente (2x), lateral costas (2x), centro costas (2x), as mangas inferiores e superiores (2x), com as seguintes margens de costura: 2,5 cm nas laterais, ombro, cavas, degolo, centro frente, centro costas e cabeça de manga. 5 cm para barra do blazer e punhos.

Molde Lateral Centro

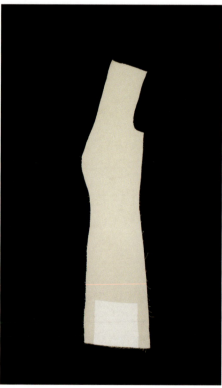

Molde Centro Frente

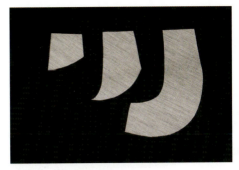

Molde Plastron

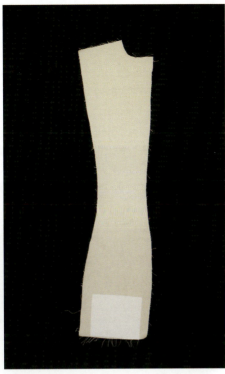

Molde Centro Costas

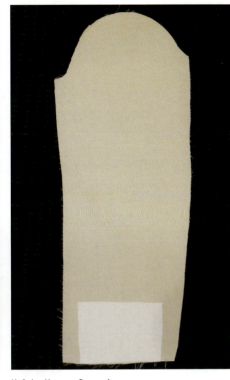

Molde Manga Superior

Molde Gola Superior

Molde Gola Inferior

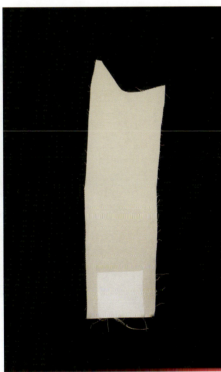

Molde Manga Inferior

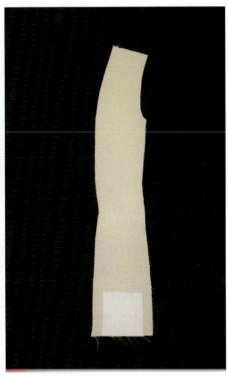

Molde Lateral Costas

3. Corte duas vezes o molde do centro da frente em entretela de crina, sem margens de costura.

4. Sobre o molde da cabeça da manga, corte o tapa miséria (recurso utilizado para estruturação) no feltro.

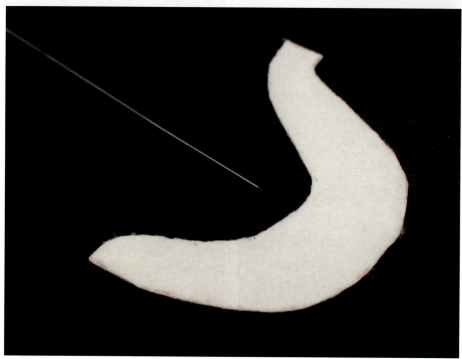

Glossário de pontos

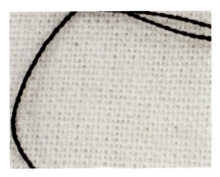

Slip Stitch:
Com a agulha situada no vinco do tecido, sair em direção ao tecido da frente, alçar somente 3 ou 4 fios do tecido da frente e retornar ao orifício inicial, começando um novo ciclo.

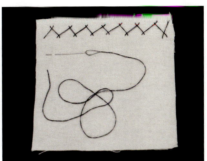

Cross Stitch (pé de galinha):
Com a agulha ao contrário do sentido que você quer seguir, alce 3 ou 4 fios de forma horizontal, formando uma espécie de zigzag. Ao formar o ponto, o aspecto é como se as linhas se cruzassem, formando o desenho que dá o nome do ponto.

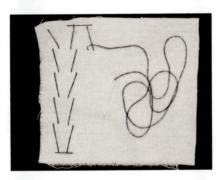

Feather Stitch:
Com a agulha na horizontal, alce 3 ou 4 fios da canvas, sem aparecer no avesso da lã. Desça a cada ponto, mantendo uma distância de 1 cm entre eles. Também chamado de "ponto espinho" pelos alfaiates.

Looping stitch:
Com a linha dupla, seguindo o risco feito em giz de alfaiate, faça laçadas (seguindo as linhas de contorno da modelagem) de um em um centímetro, deixando uma linha bem longa e frouxa (um loop) entre uma e outra laçada. Essa técnica vai favorecer a marcação dos dois lados do tecido que está sendo utilizado, facilitando a montagem.

Ferramentas

1. Giz de alfaiate de cera de abelha;
2. Cera de abelha (bee wax);
3. Régua de bainha a ferro;
4. Retrós de linha;
5. Point turner (desvirador de pontas de gola);
6. Pulseira de alfinetes;
7. Fita métrica;
8. Base de mão para passar a cabeça de manga;
9. Base de mesa para passar veludo;
10. Clapper (base para abrir costuras finas e planificar regiões espessas);
11. Tábua de manga;
12. Tábua de cabeça de manga e ombro;
13. Almofada de alfaiate para manga e detalhes;
14. Almofada de alfaiate para regiões do tórax e curvas.

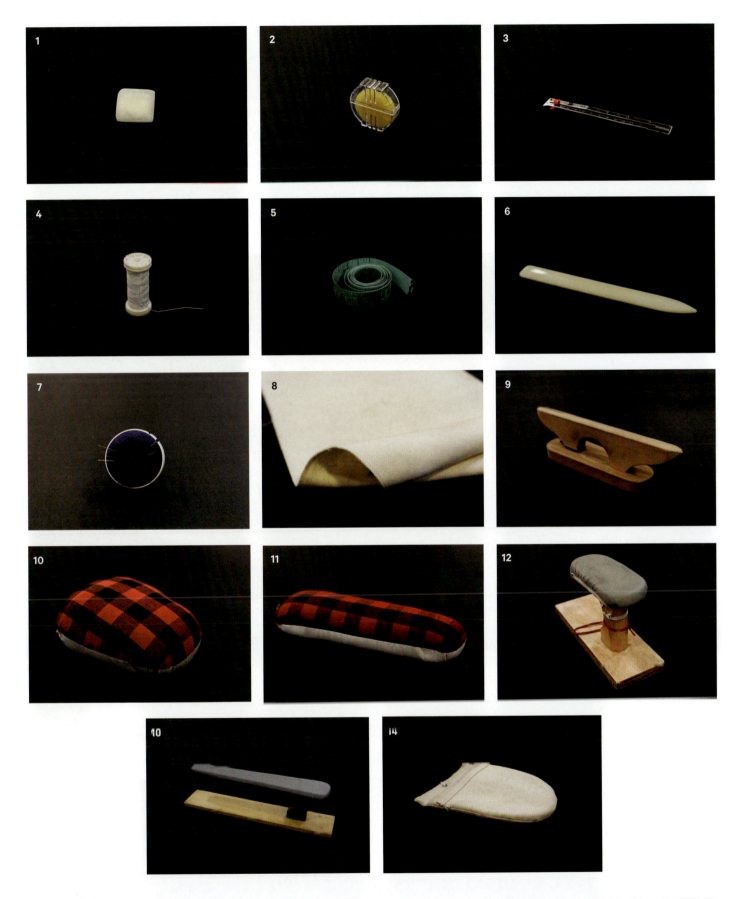

CAPÍTULO 06 ··· A CONSTRUÇÃO DA ALFAIATARIA

Construção

1. Posicione os moldes sobre o tecido escolhido para o blazer. Marque todo o contorno dos moldes com giz pelo lado do avesso do tecido. Porém, atenção, marque com o giz de alfaiate uma linha reta, indicando a linha do busto, cintura, cotovelo e quebra de lapela. Repita o processo em todos os painéis de tecido cortados.

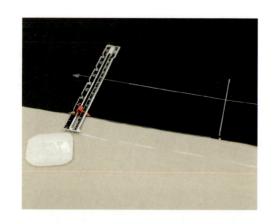

2. Em todas as linhas pré marcadas anteriormente nas peças utilize a técnica de Looping Stitch. Não esqueça de aplicar esse ponto à mão na linha da cintura, busto, cotovelo e quebra de lapela. Repita o processo em todas as outras partes. Quanto mais alto for o seu ponto Looping Stitch, mais tempo ele permanecerá no seu blazer. Na alfaiataria, marcações somente com o giz de alfaiate não são suficientes. Os alinhavos de marcação provenientes do Looping Stitch irão ajudá-lo muito durante a montagem da peça.

3. Abra suavemente os painéis e corte bem ao centro das linhas que se resultaram do Looping Stitch. Repita em todas as peças cortadas do blazer.

4. Com o ferro, passe vapor em cima dos fiapos de alinhavo que ficaram. Isso fará a trama do tecido se fechar e os fixará por mais tempo. Repita o processo em todas as partes do seu blazer nas regiões dos alinhavos.

5. Posicione, com alfinetes, a canvas do centro frente pelo avesso.

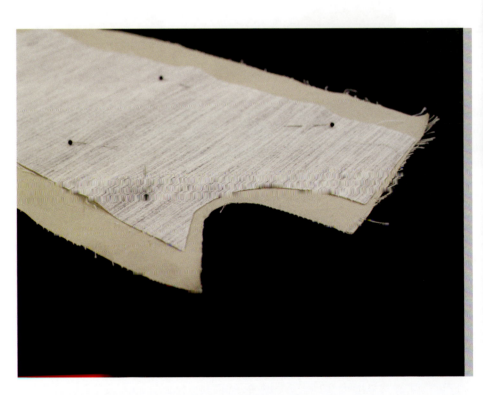

CAPÍTULO 06 ··· A CONSTRUÇÃO DA ALFAIATARIA

6. Prenda, temporariamente, a canvas no tecido com a técnica de Feather Stitch. Faça o processo com um fio de linha somente, em pontos longos.

7. Marcar com carretilha e papel carbono a região da quebra de lapela e da barra do blazer, pois a marcação do Looping Stitch na barra feita anteriormente ficará coberta no avesso pela canvas. Dessa forma, você deve remarcar com carretilha e papel carbono no avesso da peça as marcações para que a linha da barra se torne visível internamente. O carbono de cor vermelha foi utilizado para fins didáticos.

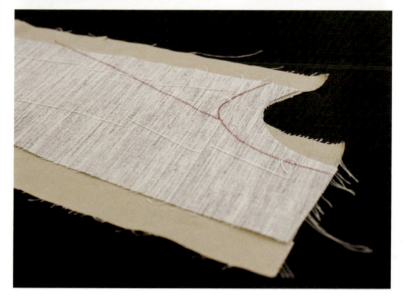

8. Posicione, com alfinetes, o cadarço na curva do degolo. Faça um pique à 30º e siga com o cadarço pelo centro frente até a barra que foi marcada. Dê outro pique à 90º e siga pela barra até o fim da margem de 5 cm marcada no molde. Repita no outro centro frente, porém deixe 2 cm de sobra antes de cortá-lo.

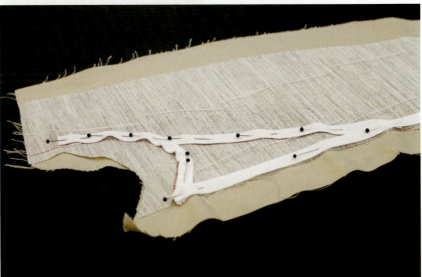

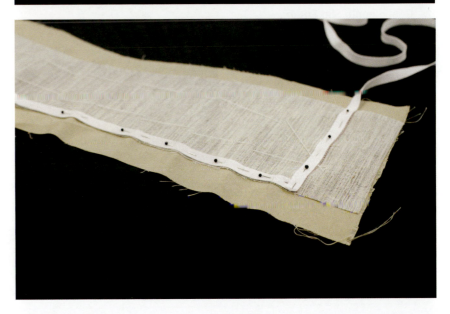

9. Na quebra de lapela posicione com alfinetes um pedaço do cadarço no pique que há no degolo até o pique do final da quebra da gola. Estique-o, tencionando-o levemente e alfinete bem ao centro do cadarço.

10. Prenda o cadarço com um alinhavo central, respeitando um espaçamento de 1 cm entre um ponto e outro para posicioná-lo de maneira segura, bem fixa e correta.

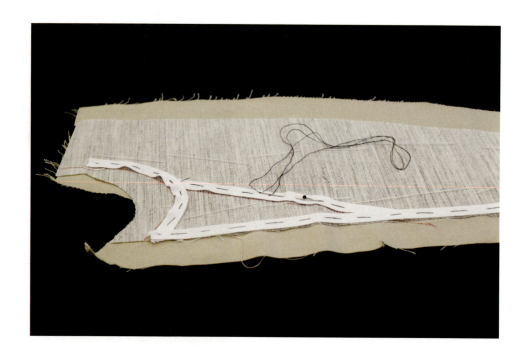

11. Faça do lado interno do cadarço o ponto Cross Stitch para fixá-lo ao canvas.

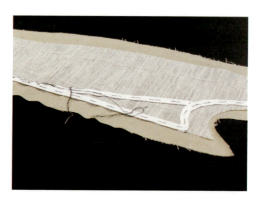

12. Com o ponto Slip Stitch, costure o lado externo do cadarço - na união do cadarço com o tecido escolhido na região do centro frente. O ponto deve pegar pouquíssimos filamentos de tecido, do lado de fora da peça e um pouco de canvas do lado de dentro.

13. Prepare as partes para a junção dos painéis, alfinetando busto e cintura para garantir o fechamento correto e alinhado da costura. Diferentemente das técnicas industriais, na alfaiataria sempre unimos as costuras por estes pontos primeiramente.

14. Una o painel da frente com lateral frente, costas com lateral costas, centro costas com centro costas e lateral frente com lateral costas. Não costure os ombros ainda.

15. Abra as costuras no ferro com o auxílio da almofada modeladora para dar forma a região do busto e quadril. (Dependendo do tecido, aqui neste passo pode-se fazer o cross stitch para assentar melhor as margens de costura e não criar volume. Fez-se isto no blazer de moleton.)

16. Utilizando o Cross Stitch do lado interno e Slip Stitch no externo, costure o cadarço em toda a barra.

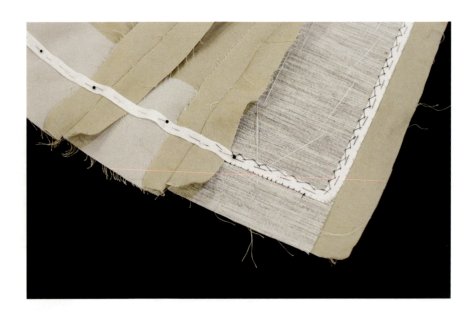

17. Preencha o espaço entre cadarços na lapela com o Feather Stitch.

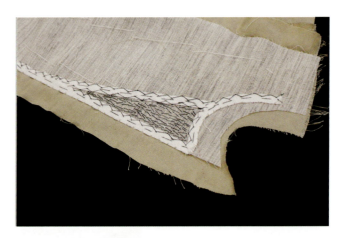

18. O seu painel fechado deve ficar como na foto.

19. Costure o ombro e abra as costuras a ferro. (Dependendo do tecido, aqui neste passo pode-se fazer o Cross stitch para assentar melhor as margens de costura e não criar volume. Fez-se isto no blazer de moletom apresentado nesta obra.)

20. É hora da prova (a tão comentada "fitting"). Vista o blazer na cliente ou no manequim para verificar se as medidas estão corretas e caimento da peça esteja bem alinhado e adequado com a ideia inicial. Aqui, aspectos como "repuxos", "achatamentos de busto" e o conforto na vestimenta (ergonomia) são levados em consideração para futuras retificações, se forem necessárias. Ao trabalhar com tecidos de composição mista, caso deste linho com viscose, podem ocorrer problemas na execução, como pode ser visto neste passo.

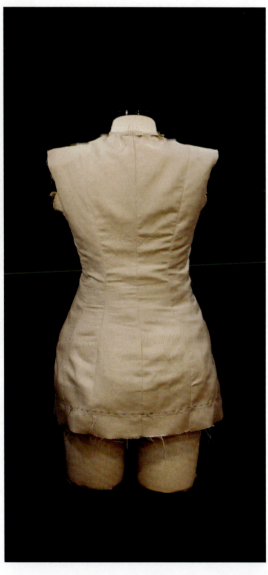

CAPÍTULO 06 ⋯ A CONSTRUÇÃO DA ALFAIATARIA

21. Costure os painéis das mangas superiores com as inferiores, abra as margens a ferro e as costure com Cross Stitch. Alguns alfaiates optam por tombar as margens de costura para um mesmo lado, principalmente na costura de trás que passa pelo cotovelo, ou seja, apontando-as para trás, sem utilizar Cross Stitch, desta forma deixando, dessa forma, a margem de costura solta.

22. Aplique o 'tapa miséria' no topo da manga superior até o final da margem de costura. Una-o com Feather Stitch de forma temporária ao seu tecido.

23. Embeba a cabeça da manga. Esse processo é feito quando queremos costurar uma peça maior em uma menor. É o que ocorre aqui. Por razões ergonômicas da peça, esse processo facilita os movimentos da articulação do ombro.
Comece o processo regulando a máquina de costura para um ponto de 4,5 a 5 mm e tensão da bobina entre 0 e 1. Sem fazer retrocesso, costure de um lado a outro da cabeça da manga, iniciando exatamente em cima da margem de 2,5cm. Após a costura inicial, siga até o outro lado. Ao chegar ao lado oposto, vire 90º com a agulha ainda no tecido, desça alguns milímetros e retorne costurando até chegar à costura inicial. Ao finalizar, não dê o retrocesso, deixe as linhas soltas.

24. Coloque um alfinete ao final da costura bem ao centro das duas indicações de início/fim da costura. Separe as linhas e prenda-as em um alfinete formando um "oito".

25. Puxe com a mão, ao mesmo tempo, as duas linhas que sobraram vindas da parte de baixo da costura, são elas as linhas provenientes da bobina. Ao puxar, pelo fato da costura estar frouxa, o excesso do tecido vai se concentrar em um mesmo ponto. Você deve distribuir esta sobra uniformemente ao longo de toda a extensão da cabeça da manga. Ao final, deixe as linhas que você puxou soltas

26. Com uma fita métrica, confira se a manga atingiu a mesma medida da cava do blazer (a medição deve ser feita na linha dos alinhavos de costura de Looping stitch tanto da manga quanto da cava). Na tábua de "passa detalhes", aplique vapor e modele sua manga até os franzidos de embebido praticamente não ficarem mais aparentes. O ideal é que eles jamais apareçam. Não se preocupe em eliminar os franzidos da margem de costura, pois é tecnicamente impossível. Mas, aqui, o vapor aplicado sobre a cabeça de manga é importante para formar a curva da cabeça da manga.

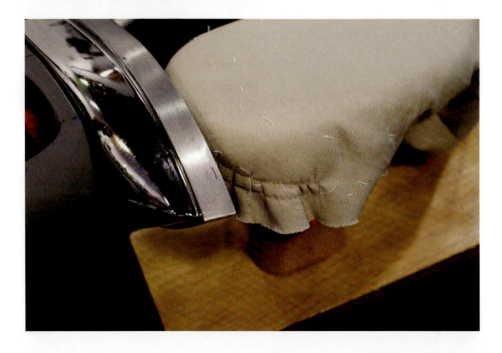

189   CAPÍTULO 06 ··· A CONSTRUÇÃO DA ALFAIATARIA

27. Com o blazer na cliente, ou no manequim, posicione a manga junto à cava, respeitando o caimento do fio do tecido e alfinete de fora para dentro, de forma que fiquem aparentes. A posição de fora para dentro dos alfinetes é importante, pois só assim você conseguirá visualizar como a manga se ajustará na cava no blazer. Depois de fixada a manga, troque os alfinetes para a parte interna e alinhave.

28. Antes de continuar, é importante fazer uma nova prova na cliente para verificar se as medidas de cava estão confortáveis, bem como seu caimento. Se for necessário, faça piques em alguns pontos da costura de 2,5 cm da cava e manga. Depois da aprovação, e da costura à máquina, corte o excesso de margem de costura da manga e cava, deixando-as com a medida final de margem de costura com 1 cm.

29. Na tábua de passa detalhes, tombe, com vapor, as margens de costura para o lado da cabeça da manga, ou seja, para o lado oposto ao ombro. Esse segredo dá sustentação ao ombro juntamente com a ombreira.

30. Com o tecido do seu forro, corte um pedaço de ourela na medida da circunferência da cava e a costure na metade da margem de 1 cm deixada anteriormente. Esta ourela servirá de reforço e evitará que a manga se desestruture ao longo do tempo.

31. Com o blazer ao avesso, posicione a ombreira, deixando-a com 1,5 cm para fora do ombro. Alfinete a ombreira ao blazer e costure-a com a técnica de Cross Stitch. A ombreira deve ser dobrada ao meio e deslocada 1 cm para a parte de trás do ombro do blazer.

32. Os tecidos trabalham de formas diferentes conforme evoluímos na construção do blazer. É por este motivo que indicamos a margem de costura de 2,5 cm e também de 5 cm na barra. Depois que este processo de montagem estiver concluído, corte os excessos de margem de costura e os desencontros de tecido. É normal que eles aconteçam principalmente com tecidos provenientes da lã.

33. É hora de aplicar o plastron. Ele serve para estruturar a região peitoral, principalmente entre a concavidade natural feminina entre ombros e seios. Posicione as partes do plastron da seguinte maneira: parte 1 sobre parte 2 e parte 2 sobre parte 3 e junte-as com pontos longos e definitivos de Feather Stitch.

34. No manequim posicione o plastron com alfinetes. Retire agora o blazer do manequim e costure o reforço de peito (plastron) com Cross Stitch unindo-o à canvas, cuidado para não fazer aqui pontos muito apertados.

35. Vinque com o ferro a vapor a margem da barra do blazer criando uma quebra no tecido próximo ao cadarço, junto ao Looping stitch feito no início deste passo a passo. Bata com o clapper, tendo o cuidado de deixar o tecido o mais plano possível, sem ondulações.

36. Corte uma tira de algodão cru no viés com 5 cm de largura e da medida da extensão da barra. Costure-a à barra com Cross Stitch. Repita os passos 36 e 37 nos punhos.

37. Costure as duas partes no centro costas da gola inferior (undercollar) recortada na entretela de juta. Abra a costura no vapor.

38. Recorte o excesso de margem para deixá-la com 1 cm.

39. Prenda as margens com costura à máquina em zigzag.

40. Coloque o molde da gola sem margens de costura sobre a entretela e faça marcações importantes indicadas na quebra da gola.

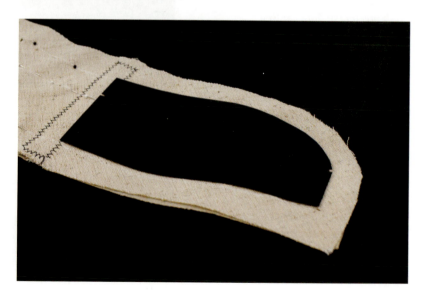

41. Posicione a entretela de gola (pelo avesso) em cima da gola inferior, alfinete e alinhave seu contorno e quebra de gola.

42. Utilize a técnica de Feather Stitch. Faça pontos em diversos sentidos, estreitos nas extremidades e abaixo da quebra de gola e maiores no restante. Use o dedo indicador como base do seu trabalho, deixando o tecido inclinado e, por baixo da execução dos pontos para ir manipulando, dando forma e bom caimento à gola.

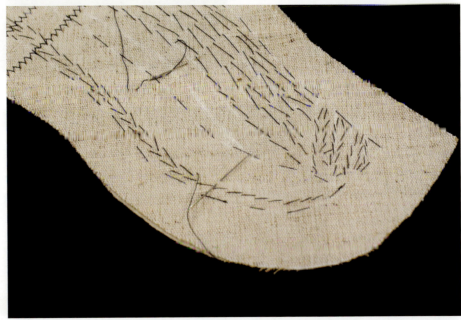

43. Recorte as margens somente da entretela de gola rente ao alinhavo feito anteriormente no início da margem de costura de 2,5cm.

44. No vapor do ferro, vinque a gola sobre a entretela de linho. Finalize costurando a margem de baixo da gola inferior com Cross Stitch.

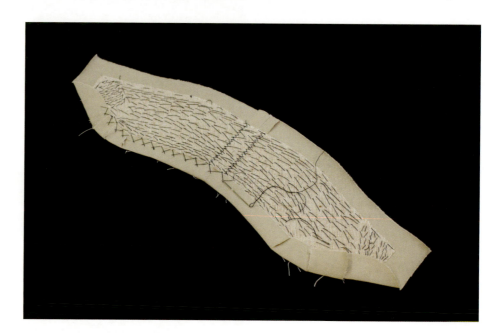

45. Alfinete as partes da gola conforme indicado na imagem. Depois, costure na máquina e recorte os excessos de margem.

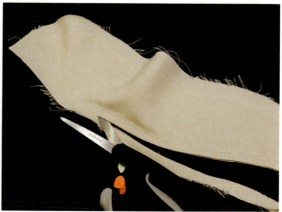

46. Com ajuda do clapper, abra as costuras no vapor.

47. Coloque a gola em um suporte e passe a quebra de gola com bastante vapor. Ao secar, a entretela de juta não perderá mais a forma.

48. Coloque o blazer no manequim, posicione a gola e alfinete. Inicie unindo centro costas da gola com centro costas do blazer. Neste passo a linha de costura preta está aparente. A cor de linha serviu aqui como recurso didático. Quando for executar o blazer lembre-se que as linhas devem ser da cor do tecido.

49. Com linha dupla, costure usando o Slip Stitch. Esse ponto deve ser forte, pois a gola e o local onde ela é inserida (degolo) sofrem muita tração durante a vida útil da peça. Se aqui alguns pontos ficarem aparentes, não é considerado um equívoco. Esse local de união de costuras sofre muita tração durante toda vida útil da peça, portanto, deve ser uma costura forte.

50. Alfinete a limpeza da frente ao centro frente, direito com direito do tecido do blazer e costure à máquina.

51. Na barra interna, costure com Slip stitch a limpeza com uma leve inclinação. Esta inclinação evita uma provável deformação do tecido que poderia vir a aparecer do lado de fora da peça, com o peso deste painel, durante o uso da peça ao longo dos anos. Lembre-se: Uma peça em alfaiataria genuína, é confeccionada para durar quase uma vida inteira, ou diversas vidas.

52. Marque a altura do primeiro botão com um alfinete. Este primeiro botão deve ser o botão chave da peça. Ele é o botão que será o guia para os demais, se houverem. Agora, preste atenção, no vapor do ferro, vinque a borda da frente do blazer até esta marcação, tombando quase meio centímetro da parte do tecido de fora, em direção a parte interna do blazer. No restante tombe ao contrário. Este procedimento é realizado para que haja um melhor acabamento, de forma que não apareça a linha de costura da junção dos painéis quando a peça está fechada, ou seja, abotoada na cliente. Alinhave tudo para fixar.

53. Una gola com lapela com Slip Stitch.

54. Os moldes do blazer, tal como os moldes de forro, foram cortados com margem de costura de 2,5 cm. Contudo, você irá costurar à máquina os painéis de forro com um pouco menos de 2,5 cm de margem. Após a junção em costura de todos os painéis do forro, dobre a margem de costura do forro e alfinete sobre as linhas delimitantes do Looping Stitch.

55. Costure o forro no blazer com ponto invisível.

56. Faça uma dobra de 1 cm na barra. Alfinete e alinhave a fim de tapar o Cross Stitch do blazer. Costure com ponto invisível.

CAPÍTULO 06 ··· A CONSTRUÇÃO DA ALFAIATARIA

57. Coloque o blazer no manequim pelo lado avesso com as mangas para dentro. Faça alguns piques na cava do forro. Lembre-se: aqui sua manga do blazer já sofreu a eliminação com a tesoura da margem

58. Coloque a manga do forro dentro da manga externa. Dobre na linha de costura da manga e encaixe na cava, alfinetando toda a volta. A cabeça da manga formará pequenos franzidos; você pode, portanto, distribuí-los por toda a cava, a fim de acomodar o tecido. Costure com ponto invisível. É muito importante aqui mencionar que a cabeça de manga do forro de um blazer possui 5 cm de margem de costura para acomodar todo volume resultante da colocação de plastron e ombreiras.

59. Dobre o excesso do tecido da manga para baixo e vinque no ferro. Para o acabamento do punho, repetir processo feito para o vinco da barra (passo 56)

60. Faça o caseado para os botões que poderão ser à mão ou à máquina (a regulagem do ponto dependerá da máquina utilizada).

CAPÍTULO 06 ··· A CONSTRUÇÃO DA ALFAIATARIA

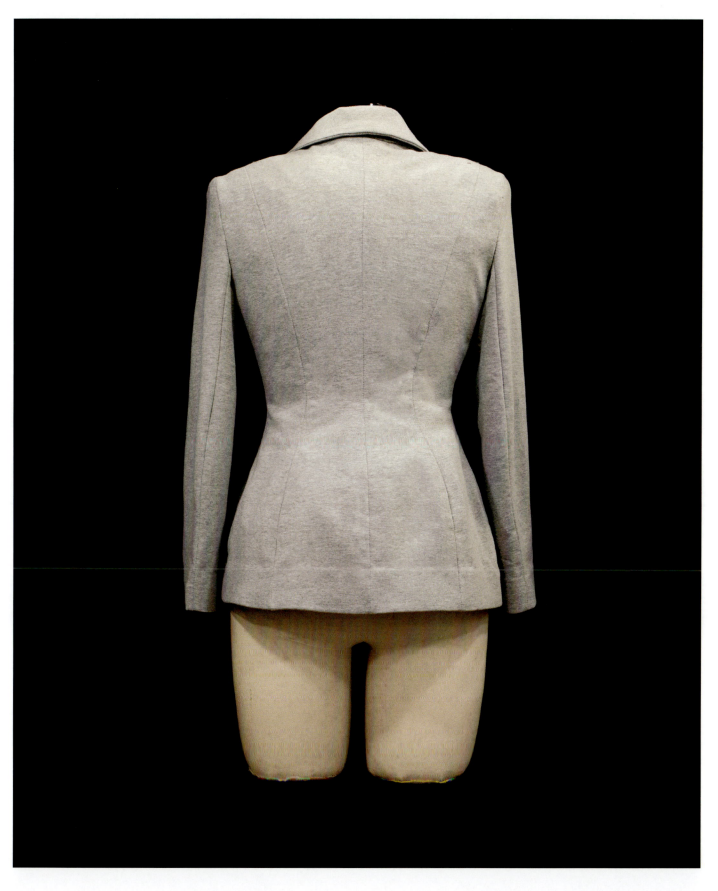

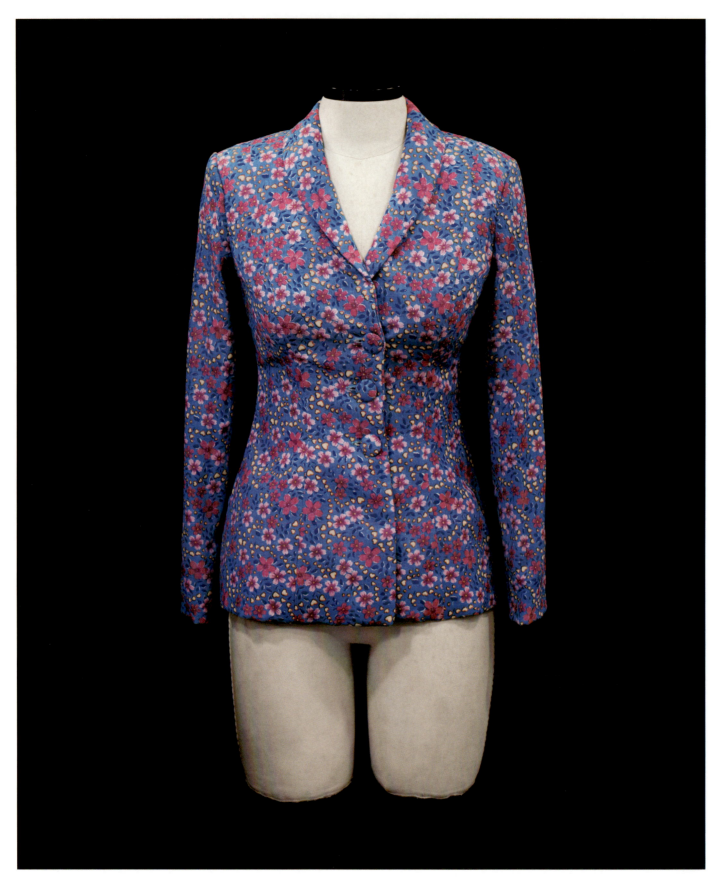

ALFAIATARIAS

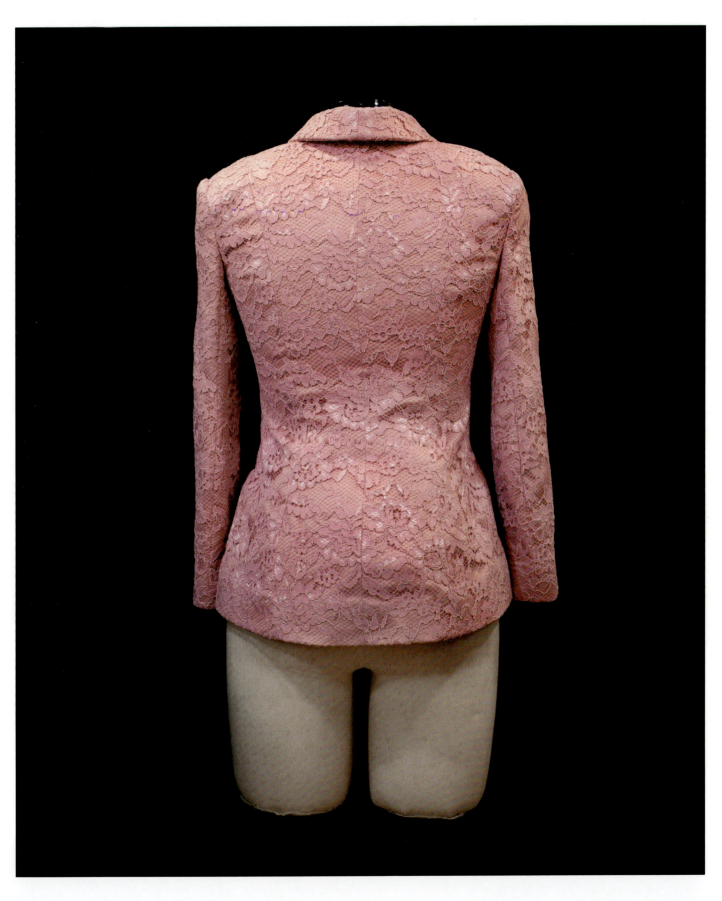

Equipe

Professora especialista Kátia Costa

Certificação pela University of Arts — London College of Fashion

Certificação pela University of Arts — Bournemouth / UK

Professora em treinamentos de costureiras e modelistas de produção de figurino da Rede Globo de Televisão

Professora na EsKola de Costura para a Moda

Professora de cursos na www.eduk.com.br

Notas

Alfaiataria Vitoriana

[1, 2] BALZAC, Honoré. BAUDELAIRE, Charles. D'AUREVILLY, Albey. *Manual do dândi*. Coleção Mimo. Belo Horizonte: Editora Autêntica, 2009.

[3] BOUCHER, François. *A History of Costume in the West*. New York: Thames and Hudson, 1987.

[4] THOMPSON, E.P. *A formação da classe operária inglesa II – A maldição de Adão*. Rio de Janeiro: Editora Paz e Terra, 1987.

[5] DEMPSEY, Amy. *Estilos, escolas e movimentos: Guia Enciclopédico da Arte Moderna*. São Paulo: Editora Cosacnaify, 2003.

[6] MATTOSO, Katia M. de Queirós. *Da revolução dos alfaiates à riqueza dos baianos no século XIX: itinerário de uma historiadora*. Salvador: Ed. Corrupio, 2004.

[7] RAINHO, Maria do Carmo. *A cidade a moda*. Brasília: Editora UnB, 2002.

[8] ARAÚJO, Marcelo de. *Dom Pedro II e a moda masculina na época vitoriana*. São Paulo: Editora Estação das Letras e Cores, 2012.

Alfaiataria Moderna

[1, 2, 3] ARAÚJO, Marcelo de. *Dom Pedro II e a moda masculina na época vitoriana*. São Paulo: Editora Estação das Letras e Cores, 2012.

[4] BOUCHER, François. *A History of Costume in the West*. New York: Thames and Hudson, 1987.

[5] BRAGA, João, PRADO, Luís André do. *História da Moda no Brasil: das influências às autorreferências*. São Paulo: Pyxis Editorial, 2011.

[6] RAINHO, Maria do Carmo. *A cidade a moda Brasília*: Editora UnB, 2002.

[7, 10] HOLLANDER, Anne. *O Sexo e as roupas: a evolução do traje moderno*. Rio de Janeiro: Ed. Rocco, 1996.

[8] NIEMEYER, Lucy. *Design no Brasil: origens e Instalação*. Rio de Janeiro: Editora 2AB, 2000.

[9, 11] FOGG, Marnie. *Tudo sobre Moda*. Rio de Janeiro: Editora Sextante, 2013.

[12] CAMARGO, Gustavo. *Um alfaiate no palácio do catete – Histórias de José de Cicco, o mestre das tesouras no país dos elegantes*. São Paulo: Editora Estação das Letras e Cores, 2015.

Thales de Andrade: assistente

Marina Miranda: assistente

Katia Alves: assistência de atelier

Ramon Steffen: produção

Chico Soll: fotos

EsKola de Costura para a Moda
Rua Guilherme Alves, 1308
Bairro Petrópolis | Porto Alegre-RS

http://eskoladecostura.blogspot.com/
Facebook: Eskola de Costura
Twitter: @eskoladecostura

Referências Bibliográficas

ARAÚJO, Marcelo de. *Dom Pedro II e a moda masculina na época vitoriana*. São Paulo: Editora Estação das Letras e Cores, 2012.

AUED WRUBLEVSKI, Bernardete; EISSLER, Roberto João. *Alfaiates imprescindíveis*: imigração trabalho e memória. Jaraguá do Sul: Editora Design, 2006.

BALZAC, Honoré; BAUDELAIRE, Charles; D´AUREVILLY, Albey. *Manual do Dândi*. Coleção Mimo.

BOUCHER, François. *A History of Costume in the West*. New York: Thames and Hudson, 1987.

BRAGA, João; PRADO, Luís André do. *História da Moda no Brasil*: das influências às autorreferências. São Paulo: Pyxis Editorial, 2011.

CAMARGO, Gustavo. *Um alfaiate no palácio do catete*: Histórias de José de Cicco, o mestre das tesouras no país dos elegantes. São Paulo: Editora Estação das Letras e Cores, 2015.

DEMPSEY, Amy. Estilos, *Escolas e Movimentos*: Guia Enciclopédico da Arte Moderna. São Paulo: Editora Cosac Naify, 2003.

FOGG, Marnie. *Tudo sobre moda*. Rio de Janeiro: Editora Sextante, 2013.

HOLLANDER, Anne. *O sexo e as roupas*: a evolução do traje moderno. Rio de Janeiro: Editora Rocco, 1996.

MATTOSO, Katia M, de Queirós. *Da Revolução dos Alfaiates à riqueza dos baianos no século XIX*. Salvador. Ed. Corrupio, 2004.

NIEMEYER, Lucy. *Design no Brasil*: origens e instalação. Rio de Janeiro: Editora 2AB, 2000.

RAINHO, Maria do Carmo. *A cidade a moda*. Brasília: Editora UnB, 2002.

THOMPSON, E.P. *A Formação da classe operária inglesa II*: a maldição de Adão. Rio de Janeiro: Editora Paz e Terra, 1987.

DEMPSEY, Amy. *Estilos, escolas e movimentos*. São Paulo: Ed. Cosac Naify, 2003.

MALERONKA, Wanda. *Fazer roupa virou moda*: um figurino de cocupação da mulher (São Paulo 1920-1950). São Paulo: Editora Senac, 2007.

STEELE, Valerie. *A queer history of fashion*: from the closet to the catwalk. New York: Ed. Yale, 2013.

Bibliografia complementar:
BARROS, Fernando. *O homem casual* São Paulo: Editora Mandarim, 1998.

Este livro foi composto em Calibre, Archive Pro e Aperçu Mono, e impresso em papel Offset 120 g/m² e Couchê fosco 120 g/m², na Gráfica Santa Marta, em janeiro de 2017.